いまここで

〜わたしと直傳靈氣《じきでんれいき》®〜

HHA ともゑ塾
岡村 英生
Okamura Hideki

風詠社

まえがき

この本は、「直傳靈氣（じきでんれいき）」

正式名称「心身改善《しんしんかいぜん》臼井《うすい》靈氣《れいき》療法《りょうほう》　直傳靈氣《じきでんれいき》」

という治療法が、あなたの日常生活の一部として、毎日が平安で、健やかに元気に。

そして笑顔で過ごせるようになるお手伝いをしてくれる。

朝、目が覚め、顔を洗い朝食をとり、会社や学校に出かける。

子どもたちと遊び、ゆったりとした時間を過ごし、おいしい食事を家族とともにいただき、楽しい団らんの時間を過ごす。

　何の制約もなく生活の中にしっかりと溶け込み、素晴らしい道具として日常の中で活用でき、あなたがあなた自身とあなたの愛する家族やまわりの人の、「こころ」と「からだ」の支えになることが出来る。

それは、特別なものではなく、すでにあなたの中にあり、それを思い出し、目覚めさせ、ただ生かすだけ、と言うことをわかりやすく書かせていただいたものです。

そして私がそうであるように、あなたの人生・生き方にも大きな影響を与え、思いもしなかったステージへと導いてくれるものになるかもしれない。

直傳靈氣に出会わず普通のお父さん、普通のサラリーマンであったなら（この「普通」という定義もなかなか難しいですが）、たぶん経験をしなかった、出会うことがなかったであろうことがたくさんあります。

土日のお休みを楽しみにしているだけの普通の生活であったなら、出会わなかっただろう方々・場所・出来事、などなどがたくさんあります。

題にあるように「いま」と「いまここで」というものを、直傳靈氣を学ばせていただいてから13年の間に、私なりに「氣づいたこと」「氣づかせていただけたこと」も書かせていただきました。

「**靈氣**」と言う字をみるとなんだか宗教的な感じで、怪しいとか、おどろおどろしい、かかわらないほうが良いんじゃないのか、と考える方も多いと思います。

それは「靈氣」という旧漢字が、そういうイメージに結びついているのだと思いますが、この「靈氣」を使った治療法は、戦前には１００万人以上の方々が日常の中で当たり前のように活用をしていて、ある意味ポピュラーな、どなたでも「靈氣」とはどんなものであるかその本質を理解し、怪しいもの・おかしなものであるというような認識は全くありませんでした。

〝１００万人以上が活用〟

と言われても、多いのか少ないのか、ピンとこないと思います。

たとえて言いますと、みなさんご存知の〝コンビニエンスストア〟。

セブンイレブン、ファミリーマート、ローソン、ミニストップ、デイリーヤマザキ、セイコーマート、ニューデイズなど、日本フランチャイズチェーン協会が公開しているデータによると、

２０１９年末現在の日本全国の総店舗数は「５５，６２０店」です。

　１００万を「５５，６２０」で割ると……、

１００万人というのは、現在のコンビニの店舗数の18倍弱になります。

　イメージしてください。

コンビニ店舗が今の18倍もあったなら、あっちにもこっちにも、コンビニだらけになってしまいますよね。

つまりこの靈氣療法はそれだけの数の方々が実践をされてみえた治療法だ、という事になります。戦前、どうしてそんなにたくさんの方々が活用をされていたのか？

明確でわかりやすい、ちゃんとした理由があります。

この治療法は、

①どなたにでもできるようになる。それも即日。

②特別な知識や修業も不要。道具や準備もいらない。

年齢や性別、専門知識のあるなしなどにも関係なく、誰にでも習得ができ、道具も必要ありませんので、文字どおり「いつでも どこでも 誰にでも」できた、という事になります。

ですから多くの人々の中の日常に溶け込んで〝家庭療法〟ともいえる身近な治療法だった、という事なのです。

〝「靈氣療法」なんて聞いたことがない。もしそんなポピュラーなものだったら現在もたくさんの方が知っていて、活用もしているはずだ〟と思われるかもしれません。

〝戦争〟という悲しい歴史があります。

戦後、日本の精神性を弱体化しよう、統治しやすいように誘導（洗脳、と言っても良いかもしれません）しようという連合国軍（ＧＨＱ）の強力な意図があり、いろいろな規制・変更・指示・命令などがあり、この靈氣療法も表舞台からその姿を消すしかありませんでした。

しかし、日常の中に溶けこみ家庭療法として浸透していた日本発祥のこの靈氣療法は、母から子へ愛情と共にしっかりと受け継がれてきました。

そして現在も少しずつではありますが、日本にそして世界にと広がり始めています。

未知のもの、自分に知識が無く理解できないものや、自身の過去の経験の中に無いものについて人（特に男性）は、攻撃的になるか強く否定をするか、無視をするかという反応を示すと思います（13年前の私もそのひとりでありました）。

また、その情報を持ってきた人やものを軽視するような言動を取ることが多いと思います。

高名な方やそれなりの地位のある方からではなく、肩書きも何もない人や身近な友人・家族から伝わってきたのなら特にそうであろうと思います。

この靈氣療法を開発された臼井甕男（うすい・みかお）先生もおっしゃっておられます。

「最初我が療法を信用推服で来る人は十人に一人あるかなしで、多くは一度治療を受け、初めてその効果を知ってにわかに信頼の念が起こるのであります」

お時間をいただき、この本を最後まで読んでいただければ、

「なるほど、そういうものだったのか！」

と、理解をしていただけることと思います。

そして、あなたもこの直傳靈氣をまず体験・体感してみてください。

あなた自身のために、ほんの数十分を私たちにいただければ、からだで、そしてこころで感じていただけると思います。

そして、願わくばそののちに、直傳靈氣セミナーを受講、靈氣療法を習得し、毎日のあなたの生活の中に取り入れ、あなただけではなく、家族の、まわりのみなさんの笑顔と元氣に役立てていただければ嬉しく思います。

令和元年12月24日　名古屋熱田区の自宅にて

※ごちゅうい

「靈氣療法」・「心身改善 臼井靈氣療法 直傳靈氣」は、心身の改善を目的とした治療法として開発されたものです。

そして、現代医学においても代替医療の一つとして分類をされております。

しかしながら、日本国において「医学・医療」としては、公には認められておらず、いわゆるエビデンス（科学的根拠・裏付け）もありません。

本文中の、体験談や症例等のご紹介をさせていただいている章などで、

〝治った・効果があった〟

などの記述をされている箇所がありますが、それはあくまでもその方の感想や感じた事、そう思ったという事で、どなたにでも当てはまるという内容ではありません。

その点につきましてご注意いただきますよう、どうぞよろしくお願いいたします。

目　次◉いまここで　～わたしと直傳靈氣®～

終章　最後に……191

第一章　であい

誰にでもできるようになる。それも3日間で！

私が直傳靈氣を知るきっかけになった言葉です。
平成18年夏、義妹から突然言われました。
「お義兄さん、お義兄さん！
今度手を当てるだけで病氣やケガが治るっていうセミナーがあるんだけど、
一緒に受けてみない？
たった3日間の講習を受けるだけで、誰にでもできるようになるんだって！」

筆を進める前に、ここで私の自己紹介をさせていただこうと思います。
愛知県名古屋市熱田区在住　岡村《おかむら》英生《ひでき》（58歳）。
平成18年7月31日。心身改善 臼井靈氣療法 直傳靈氣を修了。
平成19年4月16日。師範格認定。

平成21年5月26日。師範認定。

令和元年12月現在、１４３名の方々に直傳靈氣を伝授させていただいております。

（内 師範認定 ２名　師範格認定 ３名）

ＮＰＯ法人国際直傳靈氣協会 正会員・ＮＰＯ法人日本ホリスティック医学協会専門会員、

ＮＰＯ法人ホリスティック医学協会認定ホリスティックヘルス塾基礎講座インストラクター資格保有。

講道館柔道二段、サラリーマンもしながら、直傳靈氣をお伝えし、また地元サッカークラブ（名古屋９８フットボールクラブ）の事務局・コーチもさせていただいております。

日本サッカー協会公認Ｄ級コーチ、サッカー３級審判、フットサル４級審判でもあります。

　私が直傳靈氣を習得させていただいた当時、義妹は名古屋市内の病院に看護師として勤めておりました。

　同じ病院の看護師さんたちの影響なのでしょうか、〝精神世界〟と言われるものに夢中になっていて、私が考えるに、「?」マークがたくさんつくセミナーにもたびたび参加し、絶対に読まないだろうな、と思われる本を買い込んで、インドへも毎年のように行っていました。

「お義兄さん、お義兄さん！　手を当てるだけで誰にでもできるようになるんだって！」

　何回目かのインドから帰ったばかりの義妹からの言葉に、

〝またか、またどこかで吹き込まれてきたな〟と、私は呆れていました。


　私は手を当てたり、かざしたりしながら、氣・エネルギーを入れたり出したりして病氣治療が出来る達人・超人は「いる」と思っています。

私のような、いわゆる普通の人に見えないものが見えたり、聞こえたり、感じたり、特別な能力・靈感と言われるものを持っている人や超能力的なものを使える人は「いる」と当然ながら思っています。

　イエス・キリストをはじめ「宗教の祖」たちはすべてと言って良いほど「病氣治し」や「奇跡（のように思えること）」を、苦も無くやってみせる人たちばかりです。

　ただそれは何万人に一人、何百万人に一人の話で、特殊なことが、

「**誰にでもできる**」

わけもなく、それはイコール「だまされている」そう思いましたし、続けて、

「それも3日間で」

というのを聞いた時に〝こりゃあかんわ〜〟と思い、私は義妹に言いました。

「あのな、お前が言うように誰でもそんなことができるようになったら、お前の仕事が無くなるぞ。身内やから聞いてあげとるけど、よそでそんなことを言うなよ。

「『看護師さんやってるのに、何かおかしなことを言っとるわ、この人かわいそうやね』って、口には出さんかも知れんけど、そのうちまわりのみんなから相手にされなくなるぞ」

　その頃、私は昼勤務・夜勤務が一週間交代の、重量物を取り扱う工場に勤めていました。その職場は、24時間を二交代（8〜12時間勤務）でしたので身体的にもきつく、からだのメンテナンスのために、鍼灸師のS先生のところに毎月お世話になっておりました。

　このS先生、女性なのですが男氣があり何でもズバズバおっしゃる方で、お話しをしていても氣持ちが良く、サッカーの子どもたちのケガや、身体の状態などについても色々とアドバイスもいただき、その参考にと、手技の専門書なども読ませていただいたり、譲っ

ていただいたりしておりました。

また身体のエネルギーの流れがわかるようで、通常の鍼灸だけでなく、色んな手法なども取り入れながらバランスを整えてくださる先生でした。

私としては、

〝一目置いている〟

そんな人生の大先輩でもあります。

施術が終わり、心地良い氣だるさと共にすっきりした～と思った時、S先生がおっしゃいました。

S「ひでさん（私のことです）、
来月うちで〝手を当てるだけでケガが治る〟っちゅうセミナーをやるんやけど、あんた、受けたほうがええと思うよ」

私は半分呆れながら、

私「S先生、それってうちの義妹が言っとったセミナーのこと?」

S「そうそう、直傳靈氣っていう、3日間受けるやつやわ」

義妹をそそのかしたのは、インドの人ではなく、この人（S先生）でした。

おいたち

昭和36年12月24日午後9時15分。

クリスマスイブのその時に、三重県桑名市内の病院？　産院？で生まれました。

生まれた時の戸籍を見ますと、三重県桑名市宮通りとなっていますので、桑名市の中でも歴史のある地区、現在桑名宗社がある近くに、その当時の住まいがあった事になります。（しかし私の記憶にあるのは、同じ桑名市の福島町という木曽川河口に近い田舎の地です）

当時父は、桑名市の地場産業でもある（地場産業だった、と言ったほうが良いかな？）、鋳物工場で働いており、その社長宅に隣接する２Ｋの平屋に一家４人（父・母・兄・私）で住まわせていただいておりました。

その自宅には電話もトイレもお風呂も無く、電話は社長宅の呼び出しでトイレは同じ鋳物工場で働く二家族と共同の汲み取り式、お風呂は社長宅で入らせてもらうか、父親が運転する自転車で（兄が荷台、私がサドルの前のパイプに座布団をかぶせて乗り）、いわゆる３人乗りをして片道15分かけて銭湯に行くか、でした。

小学高学年の頃になってやっと風呂場を作ってもらいましたが、これもトイレと同じく、うちと隣家二家族が日替わり、時間替わりで順番に入る三家族共同の風呂でした。共同ですからトイレ同様家の中にはなく、三家族の真ん中あたりの戸外に独立して建てられており、冬場や雨の日は家との行き来が非常に寒かったのですが、それでも風呂が出来たときは無茶苦茶嬉しかったのを覚えております。

幼少の頃から中学一年生くらいまではそんな環境の中、生活をしておりました。

母が日蓮正宗（わかりやすく言うと創価学会）を信仰しており、仏壇の前でお経を約一時間唱えてから幼稚園・学校に行き、そして夜も母と一緒に唱えてから就寝、という日常をなんの疑問もなく送っていました。

日蓮正宗は他の宗教よりも他宗廃絶の考えが強いようで、他宗信仰をしてみえる人に対して、

「そんなもん信じとるから、幸せになれんのだわ！」

という、強く攻撃的なフレーズが母の口から出るのを幼少の頃からよく聞いておりました。ゆえに、いわゆる「お祭り」とは一線を引いた生活を強いられていて、地区の鎮守の神さまのお祭りや、子どもたちを守ってくださる〝お地蔵さま〟のお祭りなども一度も行ったことがありません。

　お祭りが近づくと学校の教室で、

「家に帰ったら、（何時にどこどこに集まって）一緒に行こうね」

「おこづかい、いくら持っていこうか」

「あのお菓子買って、（あれして、これして）遊ぼうね」

なんていう話が出るのですが、私はいつもその輪の中には入れず、寂しい思いをしておりました。誘っても断られる（私としては行きたくても行けないし、おこづかいも無い）ので友だちも私に声をかけないのは当たり前のことですよね。

　また、同じようなことなのですが、小学生高学年になると三重県から近いという事や、歴史のある都という事で、学校の社会見学や修学旅行などで京都・奈良に行きました。京都・奈良といえば神社仏閣ですよね。

学校の授業の一環として行くのにもかかわらず、その神社やお寺にも、「行くな入るな」と言われ、行っても、ずっと日蓮正宗独特の長い数珠をにぎり、題目〝南無妙法蓮華経〟を唱え続けていなさい、と教えられておりました。

日曜日などは友人と遊ぶのではなく、毎週毎週日蓮正宗（創価学会）の誰かさんが朝早く車で迎えに来て、半強制的に集会に出席させられるという時間を過ごしていました。

決して裕福とはいえない経済状況、日々の考え方生き方は宗教の教義どおりの生活。

のびのびと言いたいことを言い、やりたいことをやり、自由奔放な子どもらしい時間を過ごしていなかった自分がいましたので、まわりの友人たちと比べどうしてこんなに境遇が違うのだろうと思っておりました。

今思えば、

「自分でその環境を選んで生まれ、
自らの計画どおりに、いろんな勉強・経験をさせていただいていたんだ」

ということになるのですが、当時の私はなんともいえない心持ちで日々を過ごしておりました。

中学2年生になり、どういう理由があったのかはわかりませんが、一軒家の新築の家を鋳物工場の社長さんが建ててくださり、狭いながらも生まれて初めて自分の部屋を持つことが出来ました。

建てていただいた家は中学校校区が違いましたので、ルールでは転校しなくてはならなかったのですが、特例をいただき今までどおりの学校に通えることになりました。

せっかく自分の部屋をもてて喜んでいたのも束の間、1年もたたない中学3年の時、父が転職、今度は桑名市内ではなく三重郡川越町という四日市市と桑名市の間にある地に引っ越しをしました。

管理人の役もあったため、その会社の敷地内にある平屋の社宅に住み始めました。

なぜかはわかりませんが、この川越町に引っ越した時も学校を変わらずにいられたことはある意味幸運でした。

中学生の時、引っ越しを2回したことになるのですが、それも意味があったのだと思います。

私は中学1年生まで勉強も全くせず友だちと遊び呆けていましたが、引っ越しで自分の部屋を初めて持った時の英語教科担任「ミネバー先生」のおかげで勉学に目覚めさせていただきました。

この初老の女性先生、昔ちょくちょくいた「えこひいき」をなさる先生でした。私は当時ローマ字を書けない、読めない子でしたので当たり前のように「逆えこひいき」をされ、いつも槍玉に挙げさせられておりました。

〝ミネバーを見返してやる！〟

という強い信念のもと、その当時早朝に放送されていたＮＨＫラジオの基礎英語と続・基礎英語を毎朝欠かさず録音もしながら、両方とも同時進行で聞いて勉強をしました。

基礎英語は中学1年生向け、続・基礎英語は中学2年生向けでしたので、どんな頭の構造をしていたのだろうと思いますが、内容が理解できると楽しく、英語だけではなくその他の教科も勉強をするようになりました。

中学1年生までは家のすぐ近くに遊ぶ仲間がいましたが、引っ越しをして学区が変わったおかげで遊び相手も呼びに来れなくなり、自分だけの時間が持てたというのも良かったのだと思っています。

やればやるほど面白くどんどん勉強にかける時間も増え、そのおかげで中学3年生の頃には1学年６クラス、２４０人の中でいつもＴＯＰ10に入っていました。

何事も「やれば出来るんだ」という考えを与えてくださったミネバー先生には、心から感謝をしております。

■高校時代〜就職

高校は三重県立桑名高等学校商業科に入学。

前述のとおり、家が商売をしていたわけではありませんが、

〝早く独立をして自分が稼いだお金で生活をしたい、

両親から経済的な援助は一切受けずに早くひとりで暮らしたい〟。

という考えがずっと強くありましたので卒業後、就職に有利な「商業科」を選びました。

中学校の進学・進路担当の先生からは、

〝県外の某有名私学進学校に行きなさい〟

〝桑名高校に行くのなら理数科に行きなさい〟

と、くどいくらいに言われましたが、お金のかかる私学に行くつもりは全くありませんでしたし、大学に行くつもりも毛頭ありませんでしたから、何を言われても変わることはありませんでした。

二つ歳上の兄も桑名高校普通科に通っておりましたが、兄とその友人との会話が、いつ

も「点数・偏差値」のことばかりだったので「話題は、他にないんかい？」と、嫌氣がさしていたのも一つの要因になっています。

　本心は、中学校を卒業したら、調理師の免許を取得してお寿司屋さんになり、海外でお店をやりたいなぁ、と思っていたのですが、修行するための知り合いのお店があったわけでも無く、どこかのお店に飛び込む勇気も無く、調理師免許を取る専門学校の入学金や授業料が途方もなく高かったという理由で、その選択肢もあきらめました。


　小学生の時は身体が大きかった（いわゆる肥満児童）ので、中学校では柔道部に入部しました。

　そして〝ぷよぷよ〟だった身体も毎日しごかれ、それなりにしぼられていきました。

　身体が軽くなり、黒帯（初段）も取り、楽しみながら汗もかいて過ごしておりました。

　三重県桑名市というのはなぜか柔道が盛んな地域で、5校あった市立中学校全てに柔道部があり、市の大会も毎年開かれておりました。そして私が在籍していた3年間はいつも優勝カップと賞状をいただいていました。

　３年生の時などは団体戦において先鋒・次鋒・中堅・副将、大将の5人とも一本勝ちで、早々に対戦校同士お互い5人が並んで終了の挨拶をする時、隣の畳で試合をしているのは「次鋒戦の最中だった」と言うこともありました。

しかし、一つ上の学年に氣が合わないA先輩がいて、その先輩が桑名高校柔道部に在籍していましたので、高校で柔道をする氣は全く無かったのですが、顧問の恩師、故 瀬古修先生に半分だまされたような形で、結局柔道部に入部することになりました（今では、だまされて良かったと思っております）。

桑名高校へは、勉強と言うより柔道をしに行っていたような毎日でした。

商業科必須の「簿記」というのがあります。3学年の時「三級」を取得していないと留年となり卒業できません（算盤も同じく三級取得が必須）。

高1の時三級、2年生で二級、3年で一級という資格を取ればよかったのですが、3年の時、一級が取れず二級で終了。

たぶん一級資格を保持していたらそれなりの会社（銀行とか証券会社・会計事務所など）に就職していたと思いますので、受からなくて良かったのかも、と思います。

また柔道に関しても三段を取得していたら、その当時警察署か消防署に就職する公務員ルート（？）がありましたので（諸先輩には申し訳ないのですが）、就職してからも常に上下関係に縛られるのも嫌だなと、あえて二段でやめておきました。

結果、商業科とも柔道とも何の関係もない名古屋の非鉄金属を扱う問屋さんに就職。

その会社の同期入社が妻になりますので、その時の流れと選択は、大正解だったと今でも思っています。

■結婚～そして

妻とは同い年。

初めて出会って結婚するまでが約5年、お互い23歳の時に入籍しました。

そして今年で結婚35年目（満34年）になります。

結婚当初は三重県四日市市の笹川という地区にあった、住宅公団が経営する巨大団地が住まいでした。31棟５０２号室が新居。

生まれは三重県桑名市なのですが、父親の育ちの関係で本籍はこの笹川に近い「四日市市日永」でしたので、何かしら縁がある土地でもありました。

長男が生まれ、次男が生まれ、約5年間笹川の団地でお世話になりました。

現在の住まいは愛知県名古屋市熱田区。妻の実家に住まわせていただいている、俗に言う「マスオさん」状態です。

30年ほど前に名古屋に越したときは仮住まいのつもりでおりましたが、色んな事情でそのまま住み続ける事になり、前述した義妹とも同じ屋根の下で暮らすことになりました。

ケガや病氣は薬と医者が治してくれる？（その1）

もし、あなたが病氣になった時あなたはどうしますか？
もし、あなたの子どもや奥さんが風邪をひいたら何をしてあげられますか？

私は、小さい頃から鼻、喉が強くなく、しょっちゅう風邪をひき、小学校の帰りなどに「H医院」にお世話になっておりました。

恰幅の良いおばちゃん先生に、いつもステンレスの平たい〝へら〟のようなもので舌を押さえられ、脱脂綿に含ませた茶色い液体をのどに塗られて「オェ」って、涙目になっていたのを思い出します。

おとなになってからも、扁桃腺を腫らして毎月のように熱を出し、近所の「I医院」さんのお得意様状態で、注射と点滴を2本、薬も毎回同じものを処方されておりました。

あまりにも毎月熱が出るので、名古屋市立病院で扁桃腺除去と蓄膿の手術をしていただきました。

今なら扁桃腺を取るなんてことは絶対にしませんが、その当時は医師が病氣を治してくれる、薬が病氣を治してくれる、と本氣で思っておりましたので、医師に言われるがままの、手術＆入院でした。

扁桃腺も蓄膿の手術も、手術をして2、３ヶ月は快適な状態でしたが、徐々に元に戻り、半年が過ぎる頃には「I医院」さんで、番号札を握りしめ、待合室でじっとしている自分がおりました。

それが直傳靈氣を習得して以来13年間、「I医院」さんにお世話になることが無くなりました。

習得する前は考えもしなかったことですが、自分で自分自身のケアと体調管理ができることが最高に嬉しく、習ってよかった〜〜と心から思っております。

野立《のだて》９８ＦＣ～名古屋９８ＦＣ～直傳靈氣セミナー受講へ

平成18年7月31日。

私が初めて直傳靈氣にふれ直傳靈氣を修了した日、ということになっています。

「ということになっている」と書きました。なぜだと思われますでしょうか？

最初に直傳靈氣を伝授してくださったのは、静岡県三島市在住のK師範。

義妹の、わけわからん話から始まり、鍼灸師のS先生の勧めもありましたが、

〝受講したい〟

という氣持ちは全く湧くことはなく、そんなセミナーにお金を払うのであれば家族で旅行に行くか、おいしいものを食べに行ったほうがマシだと思っていました。

それでもある一点が受講の後押しになりました。

そのある一点というのは『サッカーの子どもたち』です。

直傳靈氣を習得した平成18年は、西暦で言うと２００６年になります。

今、私がコーチをさせていただいている名古屋９８フットボールクラブ（以後９８ＦＣ）は、１９９８年創部、愛知県名古屋市熱田区・中川区を中心に活動をする幼児～小学生・中学生を対象とした、日本サッカー協会に正式登録されたクラブチームです。

私は創部の翌年、１９９９年から９８ＦＣにスタッフとして加わりました。柔道しか経験したことがない私が、サッカーと関わるようになり、サッカー協会公認コーチの資格まで所有することになったのは次男坊のおかげと言えます。

直傳靈氣を習得した時は、その次男も９８ＦＣを卒業し大学生になっていましたが、私はそのままスタッフとして残り、スポーツ保険や事務関係の仕事全般と審判、そして子どもたちのケガなどのケアを中心にサポート活動をしておりました。

サッカーに関わるようになったきっかけは次男坊ですが、その前振り（？）として長男がやっていた野球があります。

長くなりますがそのあたりを少し書いてみます。

柔道のおかげで肥満体型から標準体型になり、からだを動かす事が好きになった私は、名古屋に越してからも学区の体育関係の行事によく参加をし、地域の方たち、学区の方たちとも知り合いになり、小学校にもちょこちょこと顔を出していました。

熱心な野球部の顧問の先生とも顔見知りになり、前述したように昼夜二交代の夜勤の時（は、夜8時に出勤になります）、小学校の放課の時間（夕刻）に運動場へ行き、野球部の練習のお手伝い、玉拾いをやったり、紅白戦の時はメンバーが足りないので外野を守ったり、をしていました。

その延長で、練習試合なども観に行き、ドリンクなどの差し入れもしていました。

3月末生まれの長男は、同じ学年の子と比べからだが小さく力もあまり強くありませんでしたので、レギュラーに定着する事も無く、どちらかというと補欠・サブのメンバーで、悔しい経験もたくさんしたようですが、それでも仲間と一緒に汗を流すことは大好きでした。

長男は中学生になっても野球を続け、からだも少しできてきた1年生の終わり頃、投げるボールの重さと左利きというのを買われて（だと思いますが）外野だけではなく投手にも抜擢され本人も喜んでいましたし、私もいっそう応援にも力が入り、キャッチャーミットを新調し、近くの公園や家の前でしょっちゅうキャッチボールをしていました。

そんなある時、私が風呂に入ろうとすると、次男坊も一緒に入ってきました。

その当時、長男も次男も、私に何か話したいことや相談事、特に母親に聞かれたくないようなことなどがあると一呼吸遅れて風呂に入ってきて、一緒にお湯につかりながら色々と話しをするのが我が家の習慣になっていました。

次男は、長男と3学年違いますから小学5年生の終わり頃の話です。

次「おとうさん、ぼく、サッカーやってるんだけど」

私「知っとるよ～」

次男は小学3年生の頃から担任のM先生の勧めもあって部活でサッカーをやっていました。

私「で、どうしたの？」

次「あのさ、エフシー（※）に入りたい」

私「何？　エフシーって？」

次「サッカーのクラブ」

コーチをやっている今でこそサッカーのルールやその他もろもろわかっていますが、その当時はサッカーについて全くと言って良いほど知識がなく、知っていることと言えば、
☆選手は11人
☆手を使うのは反則
☆足や頭でボールをコントロールして、相手ゴールに入れあう球技、って事くらい。

私「サッカーのクラブって、おまえ入っとるやん」
次「ぼくが入っているのは部活で、クラブじゃない」
私「部活とクラブ？　一緒と違うの？？　良くわからんけど、なんでそれに入りたいの？」
次「エフシーに入ると、試合にたくさん出られるから」
私「何⁉　それに入ると試合に出られる？　そんな理由だったらあかんわ」

〝エフシーに入る＝試合に出られる〟

そんな安直な、楽をして試合に出ようとするなんてもっての外だ、と一旦ダメ出しをしましたが、次男坊の言っていることの意味が良く理解できなかった私は、風呂から上がったあともう一度聞いてみました。

☆放課後（部活）だけではサッカーが出来る時間が短く、
☆そのあと練習をしたり、
☆土曜・日曜日に色んなチームと試合をしたりするのには限界がある。
（部活動の顧問の先生と、友だちのお父さんでもある外部指導員のコーチが「サッカークラブ」をつくって活動を始めるので）
☆自分もそのクラブに入り、もっと練習をして、
☆うまくなって、
☆うまくなると、たくさん試合にも出られるようになるから
そのサッカークラブ・エフシーに入りたい、ということでした。

なんだそういう事なら、〝がんばれよ！〟とエフシーに入ることに同意しました。

※次男の言う「エフシー」と言うのは「Football Club」の略です。

長男の野球が優先でしたが、このあと次男坊のサッカーの練習試合なども、わからないなりにも観に行くようになりました。

夏の暑い日のこと。

日陰も何も全く無い、だだっ広いグラウンドで、汗をかきながらボールを追っかけている次男坊とその友人たち。

ルールも何も知らない私は、ただぼーっと暑い中しばらく観ておりました。

〝サッカーって冬にやるスポーツじゃないのか⁉〟

〝このくそ暑いのに、汗をだらだらかいて、ボールを追っかけて〟

〝何が面白いんだろう？　何が楽しいんだろう⁇　わからんわ〜それにしても暑いな〜！〟

休憩になると当然、水筒が置いてあるところに行きガブガブ飲んでいます。

中身が無くなったのか、グラウンドの端っこにある大丈夫かな？と思う蛇口（茶色い水が出てきそうな）から直接飲んでいる子もいたりして。

少しの休憩の後、またグラウンドに出てボールを追いかけ、転ばされ、砂にまみれながらもまたボールを追いかける。

長い時間走ることが好きではない私は、はっきり言って全く理解不能でした。

それでも何回か観に行くうちに、

〝どうしてこの子たちは、こんなにがんばって汗をかいているんだろう〟

〝どうしてこの子たちは、こんなに真剣にボールを追っかけているんだろう〟

と思うようになり、本屋さんに行ってサッカーのルール本を買ってきました。

そして頼まれもしないのに、ペットボトルの水や家で煮出した麦茶を車に積んで、練習や試合会場に持って行くようになりました。

幾回か行くうち流れ的に、ケガや体調を崩している選手のケアをするようになり、（柔道の経験がここで生きてきました）今まで接点の無かった子たちとも、色々話すようにもなりました。

そして８人乗りのワゴン車に乗っていたこともあり、試合の送り迎え、サッカーが終わってからはスーパー銭湯などに、子どもたちを連れて行ったりする日が増えてゆきました。

初めて静岡県浜松市中田島凧揚げ会場で行われた1泊2日の試合を観に行った時の事。

相手チームのピッチサイドには端から端まで応援の保護者がびっしり。

うちのチームは私と妻のふたりのみ。

そして会場内にいる幼稚園児か小学1年生らしきちびっ子たちも、みんな揃いのユニフォームを着ているのにはびっくりしました。

当時うちの子たちは、思い思いのシャツを着て練習をし、そのシャツの上に「ビブス」と呼ばれる、番号が書いてあるメッシュ地のベストを着て試合をしていました。

〝カルチャーショック〟という言葉がありますが、まさにそのもの。

それからはちょっとでもいい環境でできるようにと、それまで以上に練習試合や遠征試合、合宿にもドリンク類を積み込み、長男の野球、次男のサッカーと走り回っておりました。

　ドリンク運びから遠征の同行（自分たちのことは協力し合い自分たちでやる、というクラブの方針があり、同じ施設には泊まらず違うホテルなどを予約するか、日帰りでの応援でした）、子どもたちと監督・コーチへの橋渡し的な役割、ケガのケアや食生活や毎日の過ごし方の指導などをしながら『けんちゃんのおとうさん』（次男坊は賢《けん》と言います）は、徐々にルールも覚え、Ｊリーグや海外サッカーの試合も観るようになり、サッカーの楽しさもわかってきました。

　そんな頃、外部指導員のコーチから子どもたちに、

「『けんちゃんのおとうさん』じゃなくて『岡村コーチ』と呼びなさい」

という話があった、と次男坊から聞かされびっくり仰天。

　〝おいおいコーチだなんてめっそうもない。

柔道だったら経験あるけど、サッカーは全くのド素人。

コーチングなんてできないし、リフティングもできないのに勘弁してくれ〜〟

　コーチや監督に言われたことは子どもたちにとって絶対なので、コーチたちの前では

『岡村コーチ』

と呼んで、普段は、

『けんちゃんのおとうさん』

でいいよと、言っていたのですが、いつまでもそう言っていられなくなり、日本サッカー

協会公認の４級審判資格を取得し、練習試合の主審、公式戦の副審などをさんざんやり、３級審判、Ｄ級コーチ、フットサル４級審判資格を取得する事になりました。

　特に３級審判取得試験の時は大変でした。

　筆記試験や吹笛、ハンドシグナルなどは大丈夫なのですが、

　〝12分間走〟

という、

　〝12分間で、最低２２００メートル（４００メートルトラック5周と半分）以上走る事〟

という実技試験項目があり、長距離を真剣に走るという事が今までの経験上無かった私は、昼勤務の時も夜勤明けの時も、朝に晩に（夜勤の時は昼間にも無理やり起きて）、近くの公園の周りを、毎日走ってトレーニングをしておりました。

　試験当日、ＪリーグやＦＩＦＡ主催の試合でも主審を務めたことがある愛知県出身の１級（国際）審判員の方がおみえになり、こんなことを言われました。

『私もみなさんと一緒に走ります。ただ、必ず私の前を走ってくださいね。
私はコンスタントにラップを重ねますから、私に抜かれないように。
私に抜かれると失格になりますからね、そのつもりでしっかりお願いしますよ～～』

これは先行逃げ切りで行くしかない、と自分の息子たちとあまり変わらない大学生や、バリバリの現役選手だろう子たちと一緒に「よーい、ドン」

置いて行かれないように最初から全力で行きました。

一緒に受講した同僚コーチが、

『あんなに最初から飛ばしてたら、途中でぶっ倒れるんじゃないか！』

と思ったそうです。

同じグループで走っていた受講生たちも徐々に入り乱れはじめ、周回数も残り時間もわからず、とにかく全力で走り、息も上がり、両脚も限界、悲鳴を上げ始めた頃、

『あと30秒です！』

という鐘の合図とともに何氣に顔を上げてみると、1級審判の方が50メートルほど前を淡々と走っていました。

〝え〜！　いつ抜かれたんだ⁉〟

と思うと同時に、汗をかいて一生懸命ボールを追いかけている、うちの選手たちの顔が次々と浮かび、これではいかん！と文字どおり心臓が口から出るのではないかと思うほど力を振り絞ってのスパートをしました。

ところが、その1級審判の方の、はやいこと速いこと。結局追いつけずに終了の合図。だめだ！　不合格だ～とその場で倒れこみましたが、ペアを組んでいた大学生の子が、にこにこしながらすぐに記録用紙を持って走ってきて、私に見せてくれました。

「２５００メートル」

〝えっ!?　どういう事？　２５００？？〟

後で聞いた話ですが、その1級審判の方は、他のインストラクターと話しをしながらのんびり走っていて、周回遅れになってしまったらしく……　〝なんだよ！　勘弁してくれよ！〟と心の底から思いました。


めでたく審判・公認コーチの資格も取得し、９８ＦＣのスタッフとして過ごし始めましたが、相変わらず技術指導は出来ず、事務方と子どもたちの世話&審判が私の仕事。

そんな中で一番歯がゆかったことは「ケガや体調を崩した子への対応」でした。

次男坊が小学生から中学生になり私も同じように帯同していましたので、小学生の時以上にケガが多くなりその処置・対応も大変でした。

「野立《のだて》９８ＦＣ」として１９９８年にクラブが出来、私はその年の終わり頃（次男が5年生）から関わり始め、スタッフとしては１９９９年からお世話になっています。

９８ＦＣは創部当時、名古屋市立野立小学校サッカー部（部活動）の選手たちが主でしたので、クラブも「野立９８ＦＣ」という名称になりました。

そして、２０００年の4月（次男中学1年生）に名古屋９８ＦＣを立ち上げ、次男坊たちがジュニアユース（中学生年代）一期生という事になります。

わかりにくいかと思いますが、
野立９８ＦＣはジュニア・小学生のクラブチームで、
名古屋９８ＦＣはジュニアユース・中学生のチームになります。

ジュニア（野立９８ＦＣ）の活動範囲は名古屋市内が主ですが、ジュニアユース（名古屋９８ＦＣ）は愛知県全域がその範囲になります。勝ち上がれば東海大会も全国大会も。

名古屋９８ＦＣの初公式戦は、中学1年生になって1ヶ月もたたない4月末に蒲郡市の山の中腹にあるグラウンドで開催されました。

その初戦の対戦相手が、名古屋グランパスエイトジュニアユース。Ｊリーグの下部組織のＴＯＰチームとの対戦でした。

結果は、みなさんのご想像どおり（0対15）でしたが、その体格差にはびっくりでした。文字どおりおとなと子ども。背丈が頭二つ分くらい違う。グランパスの選手たちは『今日は幼稚園児と試合するのか～』なんて言っていたほど。

サッカーはボールの奪い合いですから相手選手と交錯しますし、からだのぶつかり合い・ぶつけ合いは当たり前のスポーツです。

特に中学生になると大人顔負けの、からだの大きい選手もいますから、中学1年生になったばかりのうちの選手たちは、体格差で負けるのは当然で、脚をくじいたり、あちこち紫色に腫れたり、すり傷は日常茶飯事。ケガが絶えませんでした。

毎回お手当てバック&氷を持参し、テーピングをしたり、大中小の絆創膏で止血、包帯を巻いたりと、私も大忙しで試合を観る時間も無いくらいの時もありました。

頭をぶつけたり骨折をしたり、救急車のお世話になった時も3回ほどありました。

子どもたちと接していて一番悔しかったのが、骨折などの長期に練習が出来なくなるようなケガです。日頃いろんなことを指導していましたが、いざそういう重篤なアクシデントが起こった時になると、何も出来ない自分が情けなくて仕方ありませんでした。

先述の鍼灸師のS先生をはじめ、柔道の先輩や後輩が柔道整復師・接骨院や整体、カイロプラクティックなど開業をしておりますので、色々アドバイスももらっていましたが、数週間という時間をかけないと治らないのが現実。

チームの主たる選手が、特にがんばっている選手が、相手選手に意図的に反則をされケガをするケースがよくあり、そんな時ほど自分の無力が情けなくてたまりませんでした。

直傳靈氣セミナー受講のきっかけは、義妹や鍼灸師のS先生のお誘いには間違いないのですが、そんなことができるはずがない、手を当てるだけでケガが早く治るなんてありえない、と思いつつも「ケガをした子どもたちの顔」が浮かび、

〝この子たちのケガが早く良くなるのか？〟

〝悔しい情けない思いが、ちょっとでも少なくなるようになるのか？〟

と考え、受講をすることにしました。

しかし、医学の知識も経験も必要なく、誰にでも習得出来るとか、それも修業的な事も全くしないで3日と言う短期間で身につく治療法など無い、信じられないと、最初から完全否定をしていましたので、講師のK師範のお話・講義内容はほとんど頭に入っていませ

んでした。たぶん退屈そうに、そして偉そうな態度で座っていたと思います。

　3日間の講義が終わり、修了証をいただく時、K師範から、

「これであなたもできますよ」と言われ、

「先生、何ができるのですか？」と聞いていた記憶があるほどです。

　自宅に帰り、まだ受講をしていなかった妻の肩に手を置いた時、

「あったかいよ」

と言われましたが、手から出ているものが見えるわけでも無く実感も何も無かったので、

〝へぇ～そうなんや〟、と思っただけでした。

　その週末、サッカーの練習試合があり、いつものようにお手当てバックとワンパンチで冷たくなる冷却剤も準備して出かけました。

　案の定、相手選手に足首あたりをスパイクで踏まれたうちの選手が、足を引きずりながら涙目でベンチに戻ってきました。

　もっこりと腫れた足は見るからに痛そうで、いつもなら冷却スプレーをふりかけ冷やすのですが、その時は、

「痛そうやな……ちょっと我慢しろよ、コーチが治したるでな」

と、思ってもいない無責任なことを言いながら、その腫れた部分にそっと手を置きました。

どれほど経ったでしょうか、急にその腫れた部分がしゅっと、凹みました。

実際は凹んだわけではなく、元の状態に戻っただけなのですが、凹んだかのように感じました。

時計を見ていませんでした（手を当てている間、試合を観ていました）ので、はっきりした時間はわかりませんが、たぶん10分くらいだと思います。

びっくりしてその選手の顔を見るとその子も私の顔をじっと見ています。

私「どう？」
選「なんか、痛くなくなりました」
私「ホントに!?」
選「はい、コーチが治してくれたんでしょ？」

いやいや、そんなことは無いだろう！と思いましたが、本人が痛くない、と言っているので痛くなくなったんだろうな、と。

もう一度試合に出たいと言うので、スパイクを履かせ歩かせてみましたが痛くない、と。

ちょっと走ってみろ、と走らせましたが痛くない、と。

リフティングしてみろ、とボールリフティングをさせてみましたが痛くない、と。

その後試合にも出ましたが、いつものように違和感も何も無く、プレーをしていました。

そして試合が終わり、

私「足はどうだ⁉」

と聞くと、

選「痛かった事、忘れてました〜！」

と言う返事を残し、何事も無かったかのように自転車に乗って帰って行きました。

その時は大丈夫でもお風呂に入ったり、翌朝起きた時に痛くなったり、また腫れたりしたら病院に連れて行ってもらわないと、とその日の夜、おかあさんに連絡をしておきました。

そして翌日夕刻。確認の電話をしてみると、

〝痛いとも何とも言わず、普通にしていましたよ〟

という返事。

今の状態を聞きたかったので本人に代わってもらおうとすると返事は、

〝岡村コーチ、〇〇は家にいないですよ、今日も練習に行きました〟

その後も、

「手から出ているであろう、目に見えないエネルギー」

が実感できなかった私は、その選手が特別（特異体質）なのか、それとも本当にこの

「靈氣」

と称するものが人を癒すのか。

不調な状態のものをバランスが取れた状態に戻してくれるのか。

本当に、手を当てるだけでケガや病氣が改善されるのか。

何事も自分自身で納得するまでやらないと氣がすまない私は、

〝だったら、確かめてやろう！〟

と友人知人の家を訪ね、職場でも隣にいる人に、

「どう？」

と、手を当てまくるようになりました。

　そして当時よく訪れていた第二の故郷、飛騨古川の友人宅で、いつもの宴と同時進行で、集まった老若男女にミニ体験会をさせていただくことになりました。

あきやん（あっきゃん）～飛騨古川　宴のミニ体験会

直傳靈氣を習う前の話です。

神戸出身のシンガーソングライター「秋本 節（あきもと・たかし）」という友人がいます。今では友人と言っておりますが、知り合った当時は、モーガンズバーという3人のグループのメインボーカル、ギターテク抜群でクラリネットも最高、見た目とは全く印象が異なる声の持ち主で、同い歳ですが敬意を表して「秋本さん」と呼び、いつも1メーター以上離れておりました。（↑このあたりの感覚、わかります？）

その秋本さんがおひとりで飛騨古川にライブにおみえになった時のことです。

私は友人宅に前泊をし、秋本さんがおみえになるのをわくわくで待っておりました。

ライブは夕刻からで、到着されたのがお昼ちょっと前。

到着されたのはいいのですが、顔をしかめ、つらそうに頭をずっとかたむけてみえる。

神戸から京都に出て、京都から高山まで高速バス。

高山からも古川までバスでおこしになられたのはいいのですが、京都から高山に向かうバスの中でギターを抱えながらつい、うとうとされ、氣がついたら、なんと寝違え（と言うのか?）てしまったらしく、痛くて首が動かない。

秋本さんがおっしゃるには、

『これじゃぁ、ギターが弾かれへんわ～』って、あかんやろ、それ。

お腹もすいているのでとりあえずお昼ごはんを食べに行こうと、近くの中華料理屋さんへ。

友人たちはビールをおいしそうに飲んでいましたが、私は秋本さんにかかりっきり。

柔道をやっていたのもありますし、幼少の頃から両親の〝肩もみ〟を良くやっていて、古川でも宴の途中で腰をもんだり肩をもんだり、指圧まがいのこともやっていたので友人たちが、

『おまえ、なんとかしたれ～』とむちゃぶりをしてきました。

寝違え状態の首をもんでもよけいに痛いだけで、

〝どうしたらええんやろ……困ったな～〟と何氣に手のひらを肩のあたりに置いていた時、

秋本さんが、

『あ〜なんか、氣持ちええわ〜〜』と、間延び氣味におっしゃいました。

〝そうなんや！〟

〝氣持ちええんや！〟

〝これでよくなったらライブもできる！〟

〝よくなってくれ〜頼むからよくなってくれ〜〜〟

と、ずっと手を当てておりました。

飛騨古川、來來軒さんのカウンター席でのことです。

20〜30分後のことだと思いますが（友人たちがビールを飲み、餃子&炒飯を食べている間中手を置いていましたので、大体そんなくらいの時間だと思います）、急に、

『あれ!?　首が動く！　痛くない！』

と、秋本さん。

ライブ会場の、友人が経営する蕎麦屋〝福全寺蕎麦〟に戻りリハーサルの開始。

ちゃんとギターも弾け、クラリネットも吹ける。

そしてライブ本番も大盛り上がりで大成功！

しかし私は、店の端っこで、いつも勝手にサーバーから飲んでいる生ビールを飲む元氣

も無く、テンションも低くぐったりとしておりました。

ここからは直傳靈氣習得後のお話。

先ほどから出てくる友人（お蕎麦屋経営のＫＫさん）宅は「カツカツ公民館」と呼ばれ、いつもたくさんの方々が酒やビール、焼酎、おつまみなどなどを持参し夜な夜な集まり、宴の会が開かれておりました。毎夜ではないにしろ私が古川に帰郷する時は１００パーセント宴の会になっておりました。

公民館館長である家主のＫＫさんに、

〝直傳靈氣という癒しの手法を習ったので肩こりや腰の痛い人、からだがかったるい人、とにかくたくさん集めといて〜〟

とお願いをして古川に行きました。

当時は治療ベッドも無く、うつぶせになった時に使うアルファベットの「Ｕの字」になった顔まくらとスロープ状になった胸あてスポンジとタオルを持参しての施術。

最初はみんな何をするのかと、腰が引けていましたが、ただ寝てもらい手を当てるだけだと説明をし、女性ばかり３人続けて30分ずつ流させていただきました。

各々の感想は「肩が軽くなった」「腰と脚がいつまでもぽかぽかする」「痛かった足が楽になったし、なんか、からだがあたっかくて眠いわ〜」と言う嬉しいお言葉。

そして次に、便秘症だという女性に流そうとしたときＫＫ館長が、

Ｋ「おいニベア！（※）もうやめて、こっち来て飲め」

私「大丈夫だよ〜。あとでゆっくり飲ませてもらうわ」

Ｋ「その辺にしとけて。あの時みたいになったら困るで……」

ＫＫさんが言う「あの時」と言うのは〝寝違えたあきやんの肩すじに手を置いた時〟のこと。

（※）〝ニベア〟と言うのは私のニックネームです。

なぜニベアか?

青い缶の某メーカーのハンドクリーム（かな?）に同じ名前のものがありますね。

あのニベアというのはラテン語で「雪のように白い」と言う意味があります。

見た目の通り、いつもサッカーで陽焼けしている〝色白の私にぴったり〟なニックネームです。

あきやんに流したときは「靈氣」ではなく「私の氣」を送ったので私の氣（エネルギー）がかなり減ってしまい、ふらふらになり、ぐったりして大変なことになってしまった。

例えていうなら……、

自分の顔をお腹のすいたウサギさんにあげてしまった「アンパンマン」状態。

「あの時と違うから、大丈夫だよ～」

と、言っても、見た目はまるっきり同じですからね。

私のからだのことを氣遣ってくれるありがたい友人たちです。

ここで、ふと疑問に思われる方がいらっしゃると思います。

〝自分の氣を人にあげることができるのか？〟

〝その氣をもらった人は楽に、元氣になるのか？〟

そうなんです、出来るのです。

人は誰でも人を癒す能力を持って生まれてきています。

ですから、私が、あきやんの寝違えを治したように、私たちがお伝えさせていただいている直傳靈氣のセミナーを受けなくても、他の人を癒すことが出来ます。

ただ……前述したようにかなりのダメージが残ります。

元氣の塊だったアンパンマンも飛べなくなります。

そして頭をウサギさんにあげたアンパンマンがバイキンマンにやられちゃうように、思わぬケガをしたり、病氣になりやすくなったりします。

そしてまた、「氣」をもらった方が「氣」を送った方と「氣」が合わない場合は余計に状態がおかしくなります。

ややこしいですが、普段の会話の中でも、ちょっと嫌な感情を抱いている人や考え方、方向性に違いを感じている人に対して、

〝あいつとは氣が合わない〟

って、言いますよね、あれと同じです。

もうちょっとわかりやすく言うと、元氣いっぱい、はつらつとした「氣・エネルギー」を送ってあげても、元のその方の「氣・エネルギー」が静かな穏やかなものであったとしたなら、全く違うものが無理やり自分のからだに入って来るわけですから、からだが対応できず拒絶反応が出る（余計に状態がおかしくなる）わけです。

あの時、あきやんが必要としていた、
☆寝違えが治る「氣・エネルギー」と、私が、

☆良くなってくれ～と願いながら流した「氣」が、たまたま同じ種類だったので、良い結果が出たのだと思います。

　私の経験だけでなく、私と同じようなエピソードを持つ方のお話も記しておきます。友人（私たちが直傳靈氣をお伝えした修了者の方）の紹介でご縁をいただいた「古典絵作家・Aさん」のアトリエに伺った時のお話です。

　和紙を張り合わせて作られた素晴らしい立体的な絵の作品をいくつか観させていただき、神話や〝ひふみうた〟などのお話をうかがっているうち、私の名刺をなにげに見ながら、

「そうそう、私も『靈氣《れいき》』できるんですよ～」

と、Aさんがおっしゃいました。

〝そうなんだ！　A先生も靈氣治療が出来るんだ〟

とその種類（後述しますが『靈氣』にもいろんな種類・流れ、系統があります）を聞こうとした時に、

「だけど、疲れるのよね～、だから頼まれてもあまりやらないの」

とおっしゃいました。

Ａ先生もご自身の靈氣を他の方に流してみえたんですね、そりゃ疲れますよね。

〝私も靈氣が出来る〟と普通に話してみえたＡ先生のお話です。

Ａ先生は、当たり前と言えば当たり前ですが、ちゃんと「靈氣」の意味やその効力・力をご存知でした。そして、その言葉の中に奥深いものを感じました。

どうして？

古川カツカツ公民館での初めてのミニ体験会のあとも、機会があるごとに友人知人に手を当てまくっておりましたが、友人からの質問に何も答えられない私がそこにいました。

友「どうして、手をあてるだけで、こんなにあったかくなるの？」
私「……」
友「どうして、手をあてるだけで、肩が楽になったり腰が軽くなったりするの？」
私「……」
友「どうして、手をあてるだけで、こんなに氣持ちよく眠たくなるの？」
私「……」
友「どうして、手をあてている場所と違う所が、あたたかくなったりジンジンしたり、動いたりするの？」

私「……」

友「どうして、手をあててるだけなのに、鼻水がでたり、涙がでて来たりするの？」

私「……」

平成18年7月31日。

私が初めて直傳靈氣にふれ直傳靈氣を修了した日、ということになっています（33ページ）。「ということになっている」と書いた理由がここにあります。

最初に受講させていただいた、K師範のお話、講義内容はほとんど頭に入っていませんでした。というより、聞いていなかった。と言ったほうが正解です。

ですから、「なぜ？」と聞かれても、感覚的にはわかりますが明確に答えられず、

私「……」

のあとは決まってこういう返事をしておりました。

「氣持ちええやろ～？　楽になったやろ～？　だったらそれで、ええやん」
近しい友人ばかりでしたから、その返事で済ましておりましたが、ずっとこのままではいけないと、その答えを、読んだであろう、詳しく解説していただいたであろう講義テキストと直傳靈氣研究会のホームページに求め、全てのページを隅から隅まで読みました。

「直傳靈氣について」
☆靈氣療法とは（レイキ）
正式名称は、心身改善臼井靈氣療法です。１９２２（大正11）年、肇祖臼井甕男によって開発された、手当てによる癒しの技術です。（中略）
宇宙（太陽）からの靈氣（エネルギー）を取り次ぐ宇宙（太陽）からの靈氣療法（ヒーリング）を簡単に言いますと、宇宙（太陽）からの靈氣（エネルギー）を受け取り、施術者（ヒーラー）が自分の身体を通して増幅し患者に与える作業です。

（直傳靈氣研究会ＨＰより）

今でこそわかりやすく説明をさせていただいておりますが、当時これを読んでも何となくそうなんかなぁとは思いましたが、このまま友人たちに話しても答えにはならず、かえって変に伝わりそうで。

さらにホームページを読み進めると「セミナー日程」というページがあり「名古屋」というところをクリックすると、なんと、研究会代表の山口忠夫先生が名古屋におみえになられるようなことが書いてありました。私はすぐに京都の事務局に電話をして確認をしました。

私「『講師山口忠夫』、と書いてありますが、本当に代表がみえるのですか⁉」

直「はい、山口がうかがいます」

名古屋近郊にお住まいの、師範の方が講義をされるのではなく、研究会代表の山口先生から直々に講義を受けられるのにもびっくりしましたが、さらに驚いたのが、セミナー受講には「新規」と「再受講」と二種類あり、私は「再受講」という扱いで、一講義5，000円の受講料、つまり3日間五講義（前期三講義・後期二講義）フルに受けても25，000

円の支払いで良いという事でした。

（Ｋ師範から初めて受講した時は８５，０００円）。

〝ほとんど頭に残っていなくて８５，０００円、代表から受ける講義が２５，０００円⁉ ホンマかいな？〟

私「本家本元の先生がわざわざ名古屋まで来られ、交通費も負担せず、この受講料でいいのですか⁉」

直「はい、岡村さんはＫ師範から一度受講されておられますから」

何も言っていないのに、ちゃんとＫ師範から受講したこともご存知だったことにもびっくり。

そのあともホントにこの金額でよいのか？　何かの間違いなのでは無いのか？　山口代表がみえるのではなくて他の人が来るんじゃないのか？と色々言ったのだと思いますが、事務局の方に、直「それで結局、岡村さんは再受講されるのですか？」

と聞かれ、

私「よろしくお願いします！」

とお返事をさせていただきました。

☆ラッキーその1

しばらくすると「直傳靈氣」と書かれたスカイブルーの封筒が届き、中にセミナー受講申込書が入っておりました。

再受講　平成19年1月28日〜師範格認定

さて、初の、山口忠夫代表のセミナー。

わくわくでこの日を迎えたわけですが、さらに☆ラッキーなことが多々ありました。

前期一の講義は靈氣療法の歴史など座学が中心。

前期二・三は座学と自分自身と対面の方への施術方法・症例に対してどこに当てたら良いかなど、詳しく教えていただけました。

靈氣というものを頭（知識）ではなく実践一辺倒で、とにかくたくさんの方々に「手あて」をしまくっていた私にとって、山口先生のおっしゃることが腑に落ちまくりでした。

・どうして手をあてるだけで、こんなにあたたかくなるのか

・どうして手をあてるだけで、肩が楽になったり腰が軽くなったりするのか

・どうして手をあてるだけで、こんなに氣持ちよく、眠たくなるのか

・どうして手をあてている場所と違う所が、あたたかくなったりジンジンしたり、動いたりするのか
・どうして手をあてているだけなのに、鼻水がでたり、涙がでて来たりするのか

目から鱗というのはまさにこの事。

以前友人たちからの問いの答え全てがわかりました。


その中で一番感動というか、そうなのか！と衝撃を受けるほど理解できたのが「病腺」（※）と言われる靈氣療法独特の言葉の意味。

山口先生の講義を受ける前にたくさんの方に施術をさせていただき、数多く体感もさせていただいていたので、

〝あれが病腺だったのか〟

〝だからあんなふうに変化したんだ〟

と、氣持ちよいほど理解できたのでした。

☆ラッキーその2

（※）「病腺」とは、靈氣療法を習得したものが手を当てると感じる独特の感触のことを言います。
この「病腺」を目安にして施術をしてゆきます。

後期は悪癖の矯正（性癖）治療法と遠隔治療法の伝授になります。

〝萬物の靈長たる人間〟という言葉が、中村天風さんの本によく出てきますが、この後期の講義内容は、人間の本質と、なぜ今いのちをいただき、なぜ今ここに、こうして生かさせていただけているのか。次章に登場する、肇祖・臼井甕男先生の「今日だけは……」に始まる五つの教えとともに、直傳靈氣を習得させていただいて13年過ぎた今でも、師範になりお伝えをする立場になった今でも、そういう事だったのか！と、新しい氣づきをいただける、治療法だけではない、奥の深い内容です。

ここで直傳靈氣のセミナーを受けると何ができるようになるのか、を箇条書きにしておきます。

前期（三講義）

自己靈氣治療

対面での治療

後期（二講義）

悪癖の矯正（性癖）治療
遠隔での治療
遠隔での自己治療
遠隔での悪癖の矯正（性癖）治療
遠隔での自己悪癖の矯正（性癖）治療

前期の内容（自己を癒し他人をも癒す）だけでも素晴らしいことですが、後期内容を習得されると出来ることが格段に多くなり日々の氣づきも多くなります。

前期・後期を習得されて「直傳靈氣の伝授」となります。

そして一定の条件を満たした（経験を積まれた）方が認定される資格があります。

師範格

「靈授」（※）方法の伝授、前期セミナー開催ができるようになります。

‥認定セミナーは山口代表・アジャバ代表代行（＊）・各大師範から受けられます。

師範

師範格内容に加え、後期セミナー開催、分会を開設することが出来ます。

‥認定セミナーは山口代表・アジャバ代表代行から受けられます。

大師範

師範内容に加え師範格養成セミナーを開催する事が出来ます。

‥山口代表の認定が必要です。

※「靈授」とは靈氣治療ができるようになる方法のこと。セミナー時、一講義につき各講師から1回授かることができます。

＊アジャバ代表代行（フランク・アジャバ・ペッター氏）
次章で説明させていただく西洋式レイキ（ウエスタン　レイキ）のティーチャーコースを日本国内で初めて開始され、日本で西洋式レイキが爆発的に広がる元になった方です。ですから、日本で西洋式レイキを習ってみえる方の系統をさかのぼっていくと、１００パーセント近くの確率で最初の講師はアジャバさんになります。

太文字にさせていただきましたが、前期・後期を受講して経験と研鑽を積みさらに深い学びを希望される方、靈氣療法を普及したい方向けに師範格認定コースがあります。

まず、最初のセミナーを受講してから、

1、6ヶ月の研鑽期間を持ち
2、山口代表のセミナーを再受講
3、諸条件をクリアされた方

右記の方々は、師範格認定コースに参加できるようになります。師範格の認定を受けたのち、さらに研鑽を重ね実績を積み師範格として直傳靈氣前期セミナーを開催、師範格認定後山口代表のセミナー再受講、そして面接や書類審査を受け直傳靈氣を正しく継承していただけるであろう方が、師範認定養成コースの受講が出来る、と言う流れになります。

そして、**☆ラッキーその3**

今回のこの山口代表から受ける講義が「再受講」にあたる、ということ。
最初受講のK師範の講義をほとんど聞いておらず、これではいけないと受講させていただいた、本質的には初めてのセミナーが「再受講」になり、この時点で師範格認定セミナーを受講できる1、2、3、の各条件が全て揃った、ということになります。

1、6ヶ月の研鑽期間
新規受講平成18年7月31日
師範格認定セミナー受講日　平成19年4月16日（8ヶ月と半月経過している）
6ヶ月以上の研鑽機関を持つこと（クリア）
2、山口代表のセミナーを再受講　平成19年1月28日（これもクリア）
3、条件・40人以上の施術実績・延べ120時間以上の施術実績・作文の提出
作文はまだ書いていませんでしたが、とっくに40人、120時間は超えていましたので、これまたクリアという事で、再受講をしたその会場で直近に開催される師範格認定セミナーの申し込みをさせていただきました。

師範格認定セミナー修了日平成19年4月16日　@京都直傳靈氣研究会本部

第二章　靈氣の歴史

日本が発祥である靈氣（療法）。

大正時代に臼井甕男先生によって開発され、戦前には１００万人以上の方が実践されておられたという治療法。

その靈氣がレイキ（Ｒｅｉｋｉ）として、全世界に広がってゆくなかで日本にも逆輸入され、ニューエイジなどのスピリチュアル性が強い考えの元、東洋思想ブームなどの波にのり、ヨガなどの手法や考え方と一緒になって広がり、臼井先生が開発された本来の治療法ではなくなっていたことに違和感を抱き、そこから直傳靈氣研究会が発足するまでの流れなどについては、

直傳靈氣研究会代表・ＮＰＯ法人国際直傳靈氣協会理事長・山口忠夫先生の書籍、

「直傳靈氣　レイキの真実と歩み　ＢＡＢジャパン」

に詳しいので、購入をしてお読みいただければと思います。（１６００円＋税）

お近くの書店でもネットでも購入できますし、ＨＨＡともゑ塾でも取り扱いをさせていただいております（ともゑ塾扱いの書籍は山口代表の直筆サイン入りです）。

この章では私が山口代表から毎年セミナーを受講して教わったこと、また自分自身でも調べて得たことなどを加味しながらご紹介をさせていただきたいと思います。

岐阜県山県市谷合から

靈氣療法とは、大正11年、岐阜県山県郡（現在は山県市）出身の臼井甕男先生が開発された「靈氣」を用いた、癒しの技術・治療法です。（正式名称・心身改善臼井靈氣療法）戦前には１００万人以上の実践者がいましたし、現在も臼井先生が設立された「臼井靈氣療法学会」は第八代会長のもと存続しています。が、活動はほとんどされていないようです。

「靈氣」を用いた癒しの技術と書きましたが、歴史をお話する前に、そもそも『靈氣って何？』と言うところから始めたいと思います。

言葉には意味があります。

特に日本語の「あ・い・う・え・お」（母音）で始まる五十一音（四十八音）の一つ一つは、「単なる記号」ではなく、それぞれに深い意味があります。

そして「漢字」にも成り立ちを含め素晴らしく深い智慧が含まれています。

靈

と言う漢字を分解すると

雨

口　が三つ

巫

と、なります。

「雨」は、言わずとも知れた「天の恵」です。

この地球上、生きとし生けるもの全てのいのちの育みは「雨・水」があるからこそ。雨は天・高次元のエネルギーを含みながら地上に降り注ぎ大地にしみこみ、山の中で何年もの長い間たくさんの栄養分を含み、沢をつくり川になり大海に出でて、太陽の恵をいっぱいに受け天に上り……悠久の時の流れの中で大きく循環をしています。

「口」は、コップ・器をあらわしています。その器が三つ。

人の身体は肉体という物質だけでできているわけではなく、心と魂がその肉体に宿り人として形つくられます（人だけではなく植物も、動物も）。

肉体・心・魂という三つの器で天の恵・根源の生命エネルギー・高次元のエネルギーを三位一体しっかりと受け取り蓄え、命をきらめかせることができます。

肉体・心・魂というその三つの要素の調和こそが人間本来の姿だと考えます。

「巫」（みこ・かんなぎ）は、天・高次のエネルギーや啓示（神託）神意を純粋に受け取りそのまま伝えることが出来る、常人にはない、一種のシャーマン的な能力・優れた靈感能力を持ち託宣する女性のこと。神に仕え、神事には無くてはならない存在です。

また**靈**は「れい」だけではなく「たましい（たましひ）」とも「ひ」とも読みます。

同じように、

氣

という漢字を分解すると

米　気

と、なります。

「気」は、これだけでも「き」と読み、渦状になったぐるぐると巻く流れを表した（現した）ものです。宇宙が最初にできた時、何らかの「意志」の最初のひと吹きが（ビッグバンと呼ばれていますが）、今も渦状にどんどん広がっている。そのエネルギーを表したものが「気」です。

「米」は、「こめ」、日本人の主食。命の源、エネルギーの元ですね。

そして米という字は四方八方に広がり流れるエネルギーの状態を表しています。

平面だけではなく上にも下にも斜めにも、あらゆる方向にあふれ、勢いよくほとばしる状態。「米」は「光」と言っても良いかと思います。

とすると「靈氣」という漢字の意味は、命の源である崇高な高次元（宇宙・大自然）のエネルギーを、肉体・心・魂の全てでしっかりと受け取り、かつ受け入れ、三位一体の絶妙なバランスであふれさせ、神意（高次元の存在の、宇宙の元の考え方・意志）をもいただいて天と地と自らをつなぎ、大きな大きな巡りとしてエネルギー循環してゆくもの、と言うようなことになると思います。

循環する宇宙のエネルギー・無限の生命力と言いかえても良いかと思います。

ここで、その靈氣という漢字の面白い使用例を紹介させていただきたいと思います。

前述したように私たちにはふたりの息子がおります。13年前に直傳靈氣を学び実践をし始めた時に、

〝これで岡村家も終わるな……〟

と思ったそうです（当時　兄、20歳　弟、18歳）。

その理由はただ一つ。

〝まえがき〟のところでも少し書きましたが、「靈氣」という旧漢字のネガティブな（間違った）イメージだけです（きっちりGHQの思惑どおりに教育されている優秀な状態です）。

しかし、明治時代から現在まで、そのネガティブなイメージの「靈氣」という漢字を1

３３年という長き伝統とともに脈々と歌い続けている岐阜県立の名門高校があります。
それは、

岐阜県立斐太《ひだ》高等学校

明治19年に開設、歴史と伝統がある名門高校です。
その斐太高校の校歌を紹介させていただきます。（斐太高等学校ホームページより）

斐太高校　校歌　歌詞の漢字は新字体に直してあります。
作詞　今村勝一　／　作曲　楠美恩三郎

一、そそりたちたる乗鞍の山
　たぎち流るる宮川の水
　山と水とを後（しりえ）に前に
　控えて抱きて我らは集ふ
二、久遠の理想はゆくてを照らし

自然の霊気はわれ等を包む
善友良師の導きうけて
切磋琢磨の業（わざ）をば積まむ

三、動かぬ山と汚れぬ水を
われ等の鑑（かがみ）といそしみ励み
磨きあげなむ勲（いさお）の真金
拾い出（いだ）さむ誉（ほま）れの真玉

【校歌】

明治41年（１９０８年）元旦の拝賀式に初めて公式に歌われました。

この校歌の生まれたそもそもの動機が、流行歌を生徒の口から封じるためにとられた手段でした。作詞の今村勝一氏は、本校の国語の教師であり、作曲の楠美恩三郎氏は東京音楽学校（現在の東京芸術大学音楽部）助教授。

二番の歌詞「**久遠の理想はゆくてを照らし　自然の霊気はわれ等を包む・・・**」

いや～素晴らしい歌詞ですよね。

【校歌】として解説をしてある文言もまた面白いな～と思います。

「流行歌を生徒の口から封じるために・・・」

明治41年に流行した歌はどういうものかよくわかりませんが、その流行歌の代わりに学校の校歌を歌うようにという発想、そしてもう一つ、

「**明治41年（1908年）元旦の拝賀式に初めて公式に歌われました**」というところも面白いと思います。

臼井先生は大正11年にこの「靈氣」を用いた癒しの技術・治療法を開発されました。

明治時代は45年までですから、臼井先生が開発される15年前に「靈氣」と言う言葉を高校生が歌う校歌の中に取り入れていたと言う事実。

靈氣という言葉の意味が難しくてわからないものであったのなら、当時の高校生が流行歌の代わりとして、ある意味身近なものとして取り入れ歌わなかっただろうことは簡単に想像できると思います。ましてや、作詞をされた方が斐太高校の先生だった事。

難解な語彙をその中に入れ込むことはしなかっただろうと思いますが、みなさんはどう考えられるでしょうか？

臼井先生はその高次元の素晴らしい生命エネルギーを、斐太高校校歌の中にあるような私たちを見守り包んでくれている大自然の大いなるエネルギー「靈氣」を、自動的に取り入れることが出来る方法を編み出し、私たちに伝えてくれています。

それは「靈授（れいじゅ）」と呼ばれるもので、この靈授をうけると男女、年齢、学がある人そうでない人など関係なく〝常識がある人ならば、だれでも〟靈氣尞法が出来るようになります。

しかし臼井先生はその靈授の方法を見つけるために、修業をされたわけではありません。

ここからは、直傳靈氣研究会代表・山口忠夫先生の書籍（前出）から引用をさせていただきます。

靈氣への目覚め—臼井甕男先生の悟り

靈氣療法の創始者である臼井甕男先生は、慶応元年（１８６５年）８月15日に岐阜県山県郡谷合村（現在は美山町）で千葉常胤を祖先とする家系に生まれ、青年時代は苦学しながらも数回にわたって欧米や中国に渡航し、学びを深め視野を拡大してきました。職業も、公務員、会社員、実業家、新聞記者、政治家の秘書などのほか、宗教の布教師、刑務所の受刑者を教導する教誨師など、さまざまに体験しています。

　こうした人生経験を通じて学びを深めるうちに、いつしか「人生の目的とは何か」という大命題を探求されるようになりました。そして、歴史や伝記、医学、仏教、キリスト教、心理学、神仙の術、易学、人相学……等々の書物を読みふけり、いろいろと研鑽を重ねた結果「人生の究極の目的は安心立命（あんじんりゅうめい）を得ることにある」という結論に達しました。

「安心立命」とは、儒学から発祥し、後に禅学の教えとして広まった言葉で、「心を安らかに保ち、心を乱さないこと」です。

　人生の究極の目的を見出した臼井先生は、禅の道に入り、真の悟りともいえる安心立命の境地を目指して約３年間の禅の修行をされました。

　しかし、どうしても悟りを得られずに悩みに悩んだ末、信頼していた禅の師に「いまだ悟りを得ることができません。これからどのように修業していけば真の悟りを得ることができるでしょうか」と相談しました。

すると、禅師は即座に「それなら一度死んでごらん」と答えられたそうです。どうしても悟りを得られず思いつめて相談した師から「死んでみよ」と言われた臼井先生は「自分の人生ももはやこれまで」と覚悟を決め、京都の郊外にある鞍馬山に籠もって断食を始めました。修業のための断食というよりは、本当に死を覚悟してのものであったようです。これが、大正11年3月のことでした。

断食に入り20数日目の真夜中頃、臼井先生は脳の中心部に落雷を受けたような激烈な衝撃を感じ、そのまま意識不明の状態に陥りました。

数時間後、ふと気が付くと夜が明け始めた頃で、心身爽快な気分に満ちて目覚めた臼井先生は、あの衝撃を受けた時に強烈な靈氣が心身を貫き、体内の靈（たましい）と共鳴し「神即我」「我即神」という神（天の太陽）との一体感を達成し、求めていた悟りの境地を完成したことを知ったのです。

臼井靈氣療法の確立と広がり

その悟りは、臼井先生にある能力をも与えてくれました。

この悟りが求めていたものなのか、禅師に確かめるために山を下りる途中、石につまづいて足の指の爪がはがれ、思わず手を当てたところ、痛みが去り、血が止まり即座に治癒してしまったのです。そして禅師から、それが悟りであると教えられたのでした。

　これをさらに、自分の家族に試したところ、即効的な効果があったので、臼井先生は、広く世の中の人にこの力の恩恵を与えたいと思うようになりました。

　そこで、工夫研究の結果、この能力を他人に伝授し、心身の改善に活用する方法を見出しました。それが「心身改善臼井靈氣療法」だったのです。

―**直傳靈氣**　レイキの真実と歩み　山口忠夫著　ＢＡＢジャパン
第２章　今明かされる靈氣の真実　より引用―

　山口代表の書籍から引用のとおり、臼井先生は、ご自身の悟り、
「安心立命（あんじんりゅうめい）」
という境地に至るため、京都の禅寺で３年という月日を厳しい修業とともに過ごされました。しかしその悟りを開くことが出来ず、死を覚悟のうえ京都鞍馬山で「断食」を始められました。この断食は期日を区切って始められたものではなく、本当に死ぬつもりで、

「死の刹那」と言うものを体験する為でした。

死ぬまでやる、と言うことです。

ですので、この「心身改善臼井靈氣療法」は、

「臼井先生の死をもって、ご自身の命と引き換えに感得・体得された治療法だ」

と言うことも出来ると思います。

そんなご自身の「死」と引き換えに体得されたものを「公開伝授」と言う形で私たちに伝えてくださった臼井先生に対し尊厳の念を抱くのは私だけではないと思います。

林 靈氣研究会

臼井先生はこの療法を開発され、お亡くなりになられる４年の間に多くの「師範」を養成され、そのうち20人の方を高弟（指導者）として指名、認定をされました。

林忠次郎先生はその20人の中でもっとも若く、医師の資格もお持ちになられておりました。

林先生は臼井先生のお考えもあり、「臼井靈氣療法学会」の活動とは別に道場（治療室）を設け、靈氣だけを使った治療をなされておりました。

いろんな病氣や症例の経過や結果を学会の方へフィードバックされておられたのだと思います。

臼井先生が亡くなられたあと「林靈氣研究会」を設立。

しかしその療法の名称を、

「林 靈氣療法」とせず、

「臼井靈氣療法」のまま伝授され、

臼井先生と同じように日本各地を巡りセミナーを開催し、靈氣療法の普及に尽力をされておられました。

そしてハワイにも渡航されることになり、日本以外にも「臼井靈氣療法」を伝える流れになっていきます。

西洋（式）レイキ（ウエスタンレイキ）

西洋（式）レイキ（＊）の「祖」は林忠次郎先生になりますが、ハワイ在住であった日系二世の高田ハワヨ氏が西洋レイキの始まり、と言って良いかと思います。

１９３６年、林先生から靈氣療法の講義（セミナー）を受けた３名の日本人の方が、ご自身の仕事の為にハワイに行きました。

そして高田ハワヨ氏は何らかのきっかけでそのどなたからか「靈氣療法」と言うものを知り、病氣がちであったご自身の症状に効果的なものがあった事から、ぜひご自身も学びたいと来日をされたのだと思われます。

約半年間、林先生の下で学び、直傳靈氣でいう「師範格」（前期のみ伝授可）の認定を受けハワイに戻り、治療の傍ら50人の方に伝授もされたようです。

しかし林先生から、前期・後期ともに伝授できる「師範」の認定をされていなかった事もあり、再来日されます。

１９３７年・１９３８年とハワイに林先生を招聘し、その時に師範の伝授をしていただいたようです（林先生はハワイ滞在中に３５０人の方に靈氣療法を伝授されました）。ハワヨ氏は師範の認定を受け前期・後期（当時は初傳・奥傳）を伝えることができるようになりましたので、林先生が日本に戻られたあとも精力的に修了者の方を増やしていったようです。

その修了者の方たちと一緒に靈氣療法を広げていかれればよかったのですが「第二次世界大戦・大東亜戦争」という悲しい歴史が勃発します。

俗にいう「真珠湾攻撃」で何千人という多くの方がお亡くなりになり、日本人が持ってきた治療法、（それも林先生は海軍大佐・軍医でもあられました）を広められるような情勢ではなくなりました。

高田ハワヨ氏は当時、唯一、海外在住の師範認定者でありましたが、そういう状況もあり40年間は治療に専念されておられたようです。

しかしご自身の死期を悟られたのか、このままご自身が誰にも伝えないとレイキが後世に残せないと考えられたのかは想像の域を出ませんが（林先生から指導者育成の許可は得ていなかったのですが）、お亡くなりになる前の2年間で22名の指導者を育成されることになります。

ただ、林先生から伝授され40年のブランクがあったこと、レイキを知っているのが、ご自身おひとりしかいなかったこと、そしていわゆる人種や宗教、文化、考え方、言語などが全く違う相手に日本発祥のものを伝えなければならないということなどから、かなり内容は違ったものになっていった（伝えやすく、また伝わりやすい内容に変えていった）のではないかということは容易に考えられます。

また22名の指導者の方たちも一堂に会して習ったわけでもなく、希望される方に個々に合わせて伝えられておられたようです。

そして、高田ハワヨ氏が亡くなられてから1年後の１９８１年に、その22名の指導者（のうちの何人か）が集まって、その方向性や内容を色々と決め、（考え方が一つにまとまらずに二つのグループに分かれました）その年に西洋レイキがスタートする事になります。

ですから、西洋レイキは、

☆林先生が高田ハワヨ氏に伝授された内容そのものではなく、

☆高田ハワヨ氏が伝えた内容そのままでもなく、

☆高田ハワヨ氏没1年後に集まった、

『22人（のうちの何人か）が決めたことが基本になっている』

という事です。

私たちも西洋レイキのティーチャーの方や西洋レイキを習われた方など、数名の方々に直傳靈氣をお伝えさせていただいておりますが、その方々からほぼ１００パーセントの確率で、西洋レイキと、

「内容が違う」

「聞いていたことと違う」

「やり方が違う」

などなどのフレーズや、どうしてですか?と言う質問が間違いなく出ます。

ここで書かせていただいたことを理解していただければ、違っていて当然で、臼井靈氣療法と西洋レイキは、「全く別のもの」と考えた方が良いと思います。

（＊）靈氣療法の呼称・表記についての補足説明をさせていただきます。
全世界の共通語としては「レイキ」「ＲＥＩＫＩ」と表記されます。

その中で、日本の伝統的な靈氣療法は旧漢字の「靈氣」と表記します。

ハワイから海外に広がったもの、その海外から日本に逆輸入されたものを、西洋（式）レイキやウエスタンレイキと表記し、更にまたその西洋（式）レイキに何らかの手法・技法・考え方などをミックスした〇〇式レイキ・〇〇式霊氣・〇〇霊気（全漢字）・〇〇レイキ（全カタカナ）などがあります。（多岐にわたり色んな流れや手法が相当数あります）。よって、〝霊気療法〟や〝臼井式霊気〟という漢字表記であっても、私たちがお伝えをさせていただいている「日本の靈氣療法」ではなく「海外のエキス」が加味されていたり、まったく違う内容のものになっています。

直傳靈氣研究会

高田ハワヨ氏が師範認定を受けたのと同じ1938年、山口千代子氏（直傳靈氣研究会代表・山口忠夫先生のお母さん）も初めて林先生から靈氣療法を伝授されます。

ただ、高田ハワヨ氏と違っていたことは、千代子先生（当時17歳）が、林先生から伝授された時は、親類縁者・近所の方など多くの方たちと一緒に受けられたということ。

そして、血縁者等の中にすでに林先生から師範以上の認定を受けておられた方が何人かおみえになられていた、ということです。

初めての靈授・セミナーの時のことを、山口忠夫・直傳靈氣研究会代表の書籍の中で千代子先生が回想をされておられる章がありますので、忠夫先生の解説文章とともに、ここで引用をさせていただきます。

山口千代子の靈授体験

私の母・千代子が小学校４年生の頃から預けられていた母方の里・潮家では、靈氣が当たり前のように活用されていました。頭が痛い、お腹が痛い、風邪をひいた、熱がある……そんな時でも叔父や叔母、姉から靈氣をしてもらい、しばらくするといつも楽になっていたので病院や薬に頼ることはほとんどなかったようです。

また、近くのかたが姉に靈氣を受けに来て、元気になって大変感謝して帰っていくのをいつも見ていたこともあって、「靈氣は素晴らしい。私も早く靈氣を習いたい」といつも思っていましたが、叔父の菅野に「女学校を卒業してから」と言われていたので、その日を心待ちにしていたそうです。

当時の入門料は50円。中等学校の月謝が４円70銭という時代ですから、非常に高額であることがわかります。しかし、菅野は「嫁入り道具のタンスを一棹減らしてでも習っておいたほうがよい」と母に言っていたようで、靈氣療法を高く評価していたということがうかがえます。

昭和13年３月25日、いよいよその日がやってきました。この時、母は５日間で初伝と奥伝を学ぶことになります。菅野が用意してくれた新品の着物を着て、姉と一緒に講習会場となる大聖寺分会会員宅へ向かいましたが、当時17歳の母は嬉しさの半面、とても緊張していたそうです。

ここから先は、実際の雰囲気をみなさんに分かっていただくために、母の述懐をそのまま掲載しましょう。

「私たちが着いた時にはすでに、数人の方が来ていました。ほとんどの方が年上で、正装した男性もいらしたせいか、緊張で胸がはちきれそうでした。姉はすでに大聖寺分会の靈授会にも参加していて顔見知りの方が多かったため、落ち着いていました。ただ、世話人の中に親戚の叔母の顔を見つけて、少しホッとしたことを覚えています。

１列ほぼ５枚の座布団が、３列に並べられたところに順番に座っていきましたが、詳しい参加人数は覚えていません。

開始時間になり、世話人の方から挨拶と講習会についての説明がありました。靈授を受ける時の作法についての説明では、部屋を暗くすること、正座して軽く目をつぶること、下丹田を圧迫しないように背筋を伸ばすこと、靈授を受ける時には合掌すること、全員の靈授が終わるまで静かにそのままの姿勢で待ち、絶対に席を立ったり話をしないこと……等でした。

説明が終わると羽織袴姿の林忠次郎先生が入ってこられました。軍人さんだということは聞いていましたが、背が高く、背筋がスッと伸びて威厳があり、まるで後光が差しているかのようでした。

雨戸を閉め部屋の電気が消され、林先生の先達で『五戒の書（※1）』を奉唱します。部屋が暗く『五戒の書』の掛け軸の文字は見えませんでしたが、林先生が「今日だけは」と唱和され、参加者がそれに続き3回繰り返しました。

林先生がまず参加者の後ろに回り靈授をされ、続いて師範の方が靈授をしていきます。たしか師範の方が3名ほどいたと思いますが、暗くして行われたのでよく分かりませんでした。靈授自体は、1人に5分ほどかけていたと思います。

林先生が明治天皇の御製（※2）を朗々と奉唱しておられ、皆も一緒に奉唱しました。靈授が終わると参加者全員で輪になって『靈氣回し』をしました。林先生も一緒に輪の中に入られることもあれば、輪の中心にお座りになってご指導されている時もあったように記憶しています」

嫁入り道具となった靈氣

「結婚して妊娠してから、お腹にいる子どもに靈氣をかけました。そのせいか、生まれた子どもたちは健康でしたが、男の子ばかり4人でしたから毎日ケガや打ち身をしたり、時には病気をすることもありました。その度に靈氣をかけてあげて事なきを得ました。みな靈氣で育てたようなものです」

※1　靈氣の創始者である臼井甕男先生の悟りの心が込められた五つの教えを短くまとめたもの。

※2　天皇陛下のおつくりになった和歌のこと。

—**直傳靈氣**　レイキの真実と歩み　山口忠夫著　ＢＡＢジャパン
第3章　山口千代子と靈氣との出会い　より引用—

直傳靈氣という名称は林忠次郎先生直傳で靈氣療法を学び、60年以上もの間実践し、現在も臼井甕男～林忠次郎と引き継がれた心身改善臼井靈氣療法をその当時の精神性を含め忠実に再現しているものである、という意味が込められています。

私たちが開催させていただく直傳靈氣セミナーの中で、西洋レイキと直傳靈氣との違いを質問されることがあります。

お答えとしては、

西洋レイキは、

「臼井甕男先生が開発・実践され、林忠次郎先生へと受け継がれた『靈氣』を用いた手当てによる癒しの手法である、というところまではどちらも同じです。

そして海外に広がるもとになった西洋レイキは『高田ハワヨ』氏が没後、その教え子たちが数名集まりその時決めたことがベースになっている。

『海外で育まれ海外の文化や考え方、手法をも取り入れたものです。』

ゆえに、臼井先生が開発され林先生が受け継いだものとは手法を含め、精神性や考え方も当然違うものになってしまっている。」

ということです。

ただここで『かんちがい』をしていただきたくないことは、その西洋レイキが間違ったもの、間違っているもの、という認識ではありません。

どちらかが良くて、どちらかが悪い、と言うものでもありません。海外で伝わっていく中で手法やその内容・考え方が変わっていくのも、いたしかた無いことだと思っています。

高田ハワヨ氏の項目で書かせていただいたように、人種・言葉・文化や考え方・宗教的なもの・食事や環境その他もろもろの違いがある中で、江戸末期に生まれ明治時代を育ち、大正時代に生きた臼井先生が開発された手法を、そのままの形で再現・伝え続けていけるか、と言うこと。

私は無理だと思います。

さらに大東亜戦争（第二次世界大戦）という悲しい歴史もはさんでいますので、純粋な日本の精神性をハワイで伝えそれを世界に伝えていくことは１００パーセント出来ないと思います。

「靈氣」と「レイキ」、言靈は同じですので、異文化の中で対応しながらも、その根本にある臼井先生が開発された「靈氣療法」は、素晴らしい、普遍なものだからこそ、技術的なものや考え方は変わってしまっても、「癒しの手法」として全世界に広がっていったのだ、と理解されたほうがよいと思っています。
　そして、
直傳靈氣は「日本で愛情とともに育ち受け継がれた純粋な日本の靈氣」であるという事。
臼井甕男先生〜林忠次郎先生〜山口千代子先生・山口忠夫先生と日本で受け継がれ育った靈氣療法である、という事です。

　ここでもう一つ、最初に直傳靈氣を伝えてくださった、静岡県三島市在住のK師範との間に面白いエピソードがありますので書かせていただきます。

　K師範は直傳靈氣だけではなく西洋レイキの「ティーチャー」でもありました。

　全くもってK師範の講義を聞いていなかった私は、西洋レイキは直傳靈氣のパワーアップバージョンだと勝手に思い込み、もっとたくさんの方々の笑顔が見たいし、より強い大きい靈氣のパワーを身に付けたいと西洋レイキの講座の申し込みをしました。

　2日間のコースでしたので、K師範と日程の打ち合わせをさせていただき、受講料（当時は10万円でした）も振り込み、三島駅近くのホテルも予約し準備万端。

あとは新幹線こだまの切符を押さえるだけ。

かなり氣合も入っていたのですが、セミナーの時間に間に合う「こだま」のチケットがなぜか手に入りませんでした。

私は静岡の三島へは「新幹線こだまで行く」ということしか考えが無く、車で行くとか、他のＪＲ在来線で行くとかの発想が全くありませんでしたので、Ｋ師範にあわてて電話をしました。

私「Ｋ先生、こだまのチケットが取れないので困っています」
Ｋ「どういうこと？」
私「セミナーに間に合う新幹線が無いんです」
Ｋ「新幹線が無いって？　どういう事なの？」
私「新幹線がセミナーの時間に間に合わないんですよ」
Ｋ「間に合わないって、あなた、本当にセミナーを受ける氣があるの？」
私「Ｋ先生！　受講料も振り込んであるし、ホテルも押さえて、受ける氣満々ですよ！」

そうだよね、お金もいただいているわね、という会話の後、K先生がびっくりするようなことを尋ねられました。

K「ところでもう一度聞くけど、あなたはなぜ、西洋レイキを受けようと思ったの？」

私「なぜって、先生！

西洋レイキは直傳靈氣のパワーアップバージョンなんでしょ！

もっとパワフルに、たくさんの人を元氣に笑顔にできたら素晴らしいじゃないですか」

少し間があって、

K「あなたは、本当にわたしの講義を聞いていなかったんですね」

このあと、セミナーの時にもちゃんと話したけど、と前置きされ、

☆西洋レイキは直傳靈氣のパワーアップバージョンではない、こと。

☆シンプルかつパワフルな直傳靈氣を学べば、改めて西洋レイキを学ぶ必要は無いこと。
☆参考程度に内容を知りたければ受講してもいいけど、お金がもったいないよね。など、
お説教（？）を厳しくかつ優しくしていただきました。

私「先生、そんな大事なことはもっと早く言ってくださいよ～」
Ｋ「さっき言ったように、講義でもお話していますし、最初に申込みをいただいた時にも同じ話をしましたよ！」
私「そうでしたか⁉（そんなの、聞いてないよ～という心の声）」
私は、どこまでダメな生徒だったんでしょうか。
私「だったら、先生。先生のおっしゃるようにやめておきます。教えてくださってありがとうございます」

と言うことで、振込みをさせていただいた10万円のうち８５，０００円が、後に受講する妻（光土里さん）の直傳靈氣セミナーの受講料になりました。
妻は、私の２ヶ月あとにＫ師範から直傳靈氣を受講させていただいています。

　なぜ、一緒に受講しなかったの？とよく質問されますが、義妹が言う、手を当てるだけで、誰でもできるなんていうまやかしの手法に17万円（８５，０００円×２人分）を支払う氣が全くなかったから、というのが正直なお答えです。

　Ｋ先生とは私が師範になったあと、東京で開催された別のセミナーでお会いしましたが、にこやかに接していただき、

「師範になって頑張っているみたいですね、活躍を期待していますよ」

とお声掛けをしていただきました。

恐縮です、大変ありがたく感謝しております。

靈氣療法の実践と体験談（感想集）

今まで靈氣治療を行ってきた中で、印象深いものを少し、そして体験会などでいただいた感想などシェアをさせていただきたいと思います。

☆高温のお湯が足に

サッカー遠征中（富山県）の出来事。

選手がユニフォームを洗濯しようとしたところ、誤って高温の湯が足にかかり火傷状態に（この宿は高温の源泉がありその熱を給湯などにも利用していました）。

足の甲半ばあたりからくるぶしにかけて赤紫に変色、氷で冷やしすぎたのも悪影響があり非常に厳しい状態でした。

冷やすのを止め、凝視と呼氣、手をかざす治療を交互に20分余り。

そのあと市民病院へ搬送、当直の医師もおらず治療・処置も何もなく帰宿、そのまま就寝。

私もちょっとびっくりしましたが、翌朝、靴も履け、散歩もでき、おまけにサッカーの試合にも出場し支障なくプレーできました。

名古屋に戻ってからも痛みも腫れも無く、そのまま治癒となりました。

☆「岡村コーチんとこ、行っといで」

ちびっこサッカーの練習中、こけてすりむいたり、足首をひねったり、ぶつかったり。

何かあるとすぐに、

〝岡村コーチんとこ、行っといで〟

という声が子どもたちの間から聞かれます。

〝痛い〟という所に手をあて最初はじっとしていますが、だいたい５分もしないうちに、もぞもぞ動き始め、

〝コーチ、もういいよ。もう痛くないから〟

となります。一過性のものは治るのも早いです。

☆発熱＆下痢

なぜ発熱をするのか、なぜ下痢をするのか、そしてなぜ食欲もないのか。

子どもがそういう症状になると親としても辛いですね。

ですが、心配しないでください。

からだにとっては、治癒へ向かう反応、修復のための反応なのです。

まず頭、そして腸、胸腺にも手を当て……、しばらくすると、より体温が上がります。

下痢もひどくなる場合が多いです。でも大丈夫。

熱はからだに入った菌と戦っている（リンパ球が活躍中）証拠。

下痢はからだの中の有害なものや老廃物を早く出しているだけ。

汗をかいたらからだが冷えないように肌着をこまめに替えて、しっかり寝てさえいれば

そのうち、

〝おかあさん、おなかすいた〟と食欲も出てきます。

靈氣を流すと本来人が持っている治癒力・修復力を促進しますから、症状がひどくなったように思いますが実は良くなるのを早めているだけです。

慌てずにお母さんの、そしてお父さんの手で、愛で、優しくお子さんを包んであげてく

ださい。

大丈夫だよ、って。

☆足の剥離骨折と靭帯損傷

小学6年生（うちのクラブの選手）。

放課後、友だちとサッカーボールで遊んでいるうち転倒、友だちも一緒に本人の脚の上に覆いかぶさるように転倒～剥離骨折と靭帯の損傷（靭帯が伸びてしまった）。

夕刻に母親から、子どもがわけのわからないことを言っているが、と電話がありました。

何を言っているのですか、と尋ねると、

〝岡村コーチのパワーを分けてください、とお願いをして欲しい〟という内容。

ちょっと笑ってしまいましたが、その夜、来てもらうように話しました。

本人は歩けないのでお姫様抱っこをして治療用ベッドへ。

約1時間の施術～翌日と翌々日は遠隔治療を30分。

1週間後の病院検査で、剥離骨折した部分がわからなくなっていて（数年前に骨折をした跡のような状態）、なおかつ本人は歩いても痛くもなんともない状態まで回復。

☆同じように骨折をした子の母親からその3日後に連絡があり、施術も同じようにしましたが、その子はそれから2週間かかりました。

～アクシデントがあった時、少しでも早く治療したほうが早く良くなる場合が多いです。

☆肺がん　咳と苦しげな呼吸

残念ながらお亡くなりになられましたが、亡くなられる約1年前から来店の男性。

呼吸が氣になるので検査を受けたところ〝肺がん〟という診断だったそうです。

初回の施術時は、ベッドに寝ていられないほどの咳き込みで、椅子に腰かけた状態や、休憩を入れたりしながらの治療。

それでも1時間後には呼吸も楽になり、束の間の睡眠。

ご自身もセミナー修了者であることから、対面の治療は1回／週、遠隔1回／週、を続け半年を過ぎる頃は咳もあまり出ず、施術中はほとんど爆睡されておられました。

＊

数ヶ月後、治療予約当日朝に電話があり、ちょっとからだがだるいので改めて予約をしたいとのこと。

その日は〝予約されていた時間に遠隔をしますね〟と電話を切り、約1時間の遠隔治療をさせていただきました。

2日後、ご本人の携帯から着信があり、予約の件かなと出てみると女性の声、奥さまからの電話でした。

〝主人が昨日亡くなりました〟

お通夜にお邪魔をし、奥さまと少しお話しをさせていただきました。

一昨日（施術予約の日）入院、奥さまと娘さんが付き添いで変わった様子も特別な事も何もなく夜を過ごし（遠隔をしてもらえると喜んでみえたそうです）翌朝、氣持ちよさそうに寝ているね、と話しておられたそうです。

娘さんが、あまりによく寝ているなと顔を近づけてみると、やすまれたまま静かに息を引き取られていたそうです。

〝苦しまず、つらい最期ではなくて良かったです〟、という奥さまのお言葉でした。

☆毎夜毎夜の睡眠導入剤

最初おみえになられた時、薬が大好きなんじゃないかと思うほど、薬剤師になれるのではないのかな?と思うほど薬の名前をご存知の方でした。

お話をうかがうと、かなり強力なストレスがある毎日を送ってみえる方で、そのストレスと薬が原因で〝何かに取りつかれている〟と、ご本人も錯覚されておられるほど。

毎週のように突然電話がかかってきて、

〝この症状を何とかして欲しい。いろんな病院にかかっているけれど良くならないから〟薬漬けの状態ですから少しずつ減らしていったほうが良いですよ、常用するのではなく我慢できない時だけ半分飲んでみたらいかがですか、などと提案をするのですが、〝睡眠導入剤がないと寝られない〟という返事ばかり。

約1時間の施術のうち、起きてみえるのは最初の5分。あとは爆睡状態。

その起きてみえる5分も薬とストレスを感じている原因のお話ばかり。

いつも一緒におみえになる奥さまに〝眠剤〟はまだ飲んでいるんですか?と聞くと、

「YES」という返事。

*

私たちもある意味「依存」をされるような状態になるのは好ましくないので、からだを治すのはご自身であって、ドクターや薬が治すのではない。

自己管理をしっかりして、できるだけストレスから遠ざかり、あまり考えこまないようにすることや散歩など、軽い運動をして、趣味に時間を割くこと、自分のために時間を使うこと。

それでも薬が必要なときはサポートとして考えて頼りすぎないこと。

　簡単なストレッチの方法からからだを冷やさないための食事やグッズの提案、そして何より「直傳靈氣の習得」をおすすめしました。

直傳靈氣をお伝えした１４３人の修了者の中で、私から「セミナーを受けたほうが良い」と強く勧めたのはこの方おひとりだけです。

ご自身がご自身を癒すことが出来る、また臼井先生の五つの教えや考え方などもしっかりとお伝えをさせていただきました。

現在は毎日五戒を唱え、毎月靈授を受けにみえ、眠剤も随分少なくなり、ほかの薬もからだに良くないからと飲まなくなったようです。

あとは体重を少し落とすだけかもしれません。

☆**胃がん&倦怠感（遠隔&対面治療）**

友人のお母さん。

自宅でからだがだるく氣分が悪くなり病院へ。連絡をいただき、遠隔治療開始。

検査で胃がんと判明。

手術はしたもののご本人が抗がん剤治療はしたくないという希望で、入院中にお見舞いに行きがてら対面の靈氣治療を2時間させていただきました。

その後、再入院したものの経過観察という事で退院。

現在はストレス回避の生活をし、趣味に時間をかけて体調も安定してみえるようです。

☆**メニエール病（遠隔治療）**

突然倒れ、意識もなく救急搬送。

友人（ご主人）から連絡をもらい即遠隔治療、頭部に妻とふたりで約1時間。

おなか（腸）も氣になり頭と同時におなかも遠隔で靈氣を流しました。

3日後退院をし、自宅でやすんでみえましたが約1週間で職場復帰。

お舞いに行った時にメニエール病だけではなくおなかも氣になったことも話したところ、

腸もかなり痛かったとの事。遠隔でも「病腺※」はしっかりわかります。

※「病腺」とは、靈氣療法を習得したものが手を当てると感じる独特の感触のことを言います。

☆家族の一員に（遠隔治療）

靈氣療法は本来「人に対して施術をするもの」です。

しかしながら、臼井甕男先生がおっしゃっておられるように、この世に生を受けたものは全て、〝草・木などの植物や獣類、魚、虫〟なども天恵として治療の能力を備えています。

ですからそれらにも当然靈氣が流れ、治療もできます。

昔は、ネズミを捕るための猫、番犬としてのワンちゃんも、今や家族の一員ですね。

〝遠隔でうちの〇〇ちゃん（犬・猫など）に治療できますか？〟

という問い合わせも最近多くいただきます。

〝本来は人に対しての治療法ですが、条件がそろえば可能です〟というのがお答え。

ある時、修了者の方からご自宅のワンちゃんに遠隔をして欲しいとの依頼が来ました。

私が遠隔治療をしなくてもご自身が流せば早いのでそう伝えると、

修「私が流してもまったく良くならない。靈氣治療に対して疑問を感じてきました」

という返事が返ってきました。

靈氣治療をする時は「我《が》（ご自身の想いや願い）」を入れないのが大切です。

施術中、施術者のからだは、靈氣のそのエネルギーが流れるパイプ役として存在します。

ただ単なる道具（パイプ）としてあるならば、根源の生命エネルギーである靈氣はスムースにそのパイプを流れ相手にもそのまま流れます。

ここで、我が入るとどうなるか。

〝早く良くなって欲しい〟〝早く楽になって欲しい〟というあなたの想いが、靈氣のエネルギーが素直に流れるのを阻害・邪魔をすることになります。

また早く良くなって欲しい・楽になって欲しい、の言葉の裏側には、

〝今は苦しく辛い、良くない状態だ〟

という意識もあるので、余計に患者さんの負担になってしまいます。

ですから、流し始めたら何も考えず「天にお任せ」をすることが大切になります。

この時もその修了者さんにお聞きしました。

私「流しながら〝早く良くなって欲しい〟って思っていませんか？」

案の定、お返事は、

修「当然思っています、苦しそうに鳴いていて可哀そうでたまりません」

私「わかりました、私が遠隔をさせていただきますので、しばらく手は当てずに見守っていてください」

とお願いをし、遠隔スタート。

しばらくすると鳴き止んですやすやと眠り始めたそうです。

そして翌日はいつもの元氣なワンちゃんに戻った、やっぱり靈氣はすごいですね、私ももう一度続けてやってみます。というメッセージをいただきました。

☆家族全員元氣です

（看護師でもある修了者の方からいただいたメッセージ）。

受講してから、毎日のように自分自身や子どもたちに流しまくりです。

旦那さんに流していたら、最初はやっぱり「熱い」って言っていましたが、いつの間にか爆睡していました。

私も毎回薬にお世話になっている生理痛が、今回は飲まなくても良くて朝から目覚めもスッキリな感じで、本当にビックリです。

〈そして、その2ヶ月後〉

あれから私自身体調がすごく良くて、子どもたちも旦那も元氣に過ごしています。

前も話しをさせてもらいましたが、生理痛が全く無くなったのと、朝の目覚めも体もスッキリで、おかげで無理なく4キロのダイエットにも成功しました。WWW（笑）

お弁当も毎日作って職場に持って行かれているそうです。

お伝えをさせていただけて嬉しく思います。

体験会や施術を受けていただいた方々の感想集

これから紹介させていただくものは、すべていただいた原文のままで、説明が必要なものだけは〈　〉書きで〈私から補足説明〉をさせていただいております。

では、よろしくお願いいたします。

Tさん

昨日の靈氣は、5日前から右の脳みそ?と右の眼球と右の首の付け根が凝り固まって萎縮しているかのような感じだったのですが、してもらっている間はあたたかく、溶けるようで楽でした。帰宅後はまた同じように苦しかったのですが今朝起きてからはなんともなくなっていて、今も大丈夫です。

今日は〈郡上市から〉岐阜市まで行ってきたのですが、元気に行ってこれました。

Mさん

昨日はありがとうございました～!!　ホントに何があったのか?という感じの時間でした。

いろんな映像が走馬灯のように押し寄せてきて気付いたら時間が経っていたという感じでした。終わってからはふわふわしていて、何かすごくいろいろな事に感謝したい気持ちになりました。夜は遅くまで起きていられず爆睡できました!!　今日は疲れもあってか、なかなか起きられなかったのですが起きてからは元気に活動できました。

Sさん

今晩は！　先日はありがとうございました！

トイレの回数が多いのと、肩が軽い感じがします。次の日から運動がしたくなって、雨の中、歩いて職場に行ったり、汚いところが気になって掃除したりと、気持ちの面でも変化しています。

Wさん

昨日はありがとうございましたm(__)m

昨日は体調悪かったですが、今日は見事生理になり、スッキリです。今日は久しぶりに美味しいビールが飲めました（^^）

主人は元々何もなかったので、大きな変化はありませんが、いつもよりよく寝ます。体調も良いそうです。施術中は時間が短く感じたほど気持ち良かったそうです(*^^*)
ありがとうございましたm(__)m

Sさん
遠隔靈氣、ありがとうございました。あったかいエネルギーをはっきり感じました。

Tさん
昨日の朝までは、ちょっとだるい感じでしたが、今朝はスッキリしてます。身体が楽になりました。ありがとうございました。

Tさん
今回初めて受けさせていただきました。あの後、涙腺がゆるくなっているな～という感じがしました。体がゆるんだのでしょうか。後の変化は特にわかりませんでした。

Rさん

その節は大変お世話になりましてありがとうございました。とても気持ちよかったです。

Yさん

こんばんは。今日はありがとうございました。靈氣ヒーリングを受けるのは今日で2回目でした。流してもらう感覚というのはあるのでしょうか。

手を当ててもらっている場所からチリチリというかサワワという感じがしました。

そして汗がでてきました。帰り道では咳鼻水が凄かったです。そして大きい下痢も。

今は身体中に溜まっていたものが全部流れて爽快です。

こんなことってあるのかな、とビックリしています。

実はここ最近主人と大喧嘩をしました。その時の感情や我慢して飲み込んだものが一気にクリーニングされたような感覚です。

不思議と今は主人との関係が楽です。すごい体験でした。

Iさん

先日靈氣をしてくださった日の晩は、夢を覚えてないくらい熟睡できました！

日頃から起きがけに夢を思い出そうとしているのですが、その朝は思い出すことができませんでした。それと私は体の左側が右側よりむくんだり、気になるところがあるのですが、最初に霊気を流していただいた時、左側にサワーっと霊気が流れる感覚がしました。

Oさん

お陰様で今は大変からだがあたたかく肩が楽になりました。午前中は少しだるい感じがありましたが、外出中の車中は助手席でウトウトしてました。

また排泄もたくさんあり、夕方足のむくみが無いように思います。

Lさん

あれから、眉間にたまっていた重りが取れたように思います。体も軽くなった気がします。

今まで、治ったかな、と思うと逆戻りしていたので、この調子で楽になったらいいな、と思っています。

Hさん

最近おなかの調子が良くなかったのですが、（何日間かなやんでいました）やってもらってからは痛みもなく、楽になりました。頭に手を置いてもらってる間、ピリピリしびれるようなぴくぴくする様な感覚で不思議でした。またやって欲しいです。

Nさん

〈左ひざと鼠蹊部が痛いとおっしゃっておみえでした〉

やってもらった直後何のためらいも無く正座して、立つのにいつもなら右ひざたててよっこらしょと立つのに、昨日は痛いはずの左ひざをたててすんなりたち、しかも立ち上がってから気づきびっくり！なんか便通も良いような気がします。

Yさん

今朝までからだが重かったのですが、徐々に軽くなってまいりました。ありがとうございます。

Sさん

久しぶりにからだがすっきりしました(^_^)ありがとうございます。

Wさん

きのうは、ありがとうございます。腰も調子が良くおかげで、快調です。

Kさん

今日の天気はどんよりだけど、からだは軽くていい感じです。いろんな話も聞かせていただいて心身ともにスッキリしました。

Sさん

左肩甲骨の奥、普段違和感と動かすと音がしていたのですがやってもらったあとはとても楽になり、音がしなくなりました。また機会があったらやって欲しいです。

Jさん

手のけがも順調で今日から復活です(>_-)-☆全然不自由なくびっくりです！

〈指先を使うセラピストの方。２日前に手を犬に噛まれ遠隔をさせていただいたのちに直接対面での施術も受けていただきました〉

Eさん

からだがぽかぽかあたたまってすごく気持ちいいです。

自営でからだを使うのでいつも疲れが残った感じなのですが、すっきりしました、ありがとうございます。また受けに来たいと思います。

改めて予約の電話をしますのでよろしくお願いいたします。

Mさん

施術してもらってから、下半身がずっとポカポカと温かく感じています(>・>)
そして、久々に顔の血色が良くなっているのにも気付きました。また、名古屋に向かうときにあった頭痛がなくなっていました(=>・>=)
いい体験を受けさせてもらって、ほんとに感謝です m(_ _)m とても楽しい時間でした。

みなさん、ありがとうございます。

たくさんの感想をいただき、それぞれに貴重なお言葉を賜り嬉しく思います。

妻とふたりで施術をする時は、私が頭を妻が足を。あとは氣になるところを時間まで行い、最後に血液交換法というマッサージにも似た靈氣療法独特の手技を行います。

いただいた感想はみなさん、それぞれに感じた違う事を書いていただいていますが、施術箇所は頭と足からスタートでどなたにさせていただいてもほとんど同じです。

その方の必要な所に必要な分だけ、ある意味勝手に流れてくれますのでやりすぎという事もありませんし、手順を間違えてあとでたいへんなことになる、というような事もありません。

手を当てて〝病腺〟を感じるところにはたっぷりと流す。

ただそれだけで感想をいただいたような様々な結果があらわれてきます。

不思議な、ミラクルなような氣もしますが。これが心身改善臼井靈氣療法直傳靈氣です。

第三章　ごえん

この章では、ここに書ききれないほどいただいた「縁」の中から、そのほんの一部ですがご紹介をさせていただきます。

師範格の認定をいただいてから現在（令和元年12月）までの間に１４３人の方に直傳靈氣を伝授させていただいております。

また最初に妻に手を当て、うちのサッカー選手に施術をさせていただいてから数え切れないくらいの老若男女の方々に靈氣を流させていただいています。

身近なものとしては、肩こり、腰痛、ひざの痛み、便秘、冷え性、不眠、風邪、打ち身、やけど、などなど。

大きな外科的なケガとしては骨折や靭帯の損傷。

精神的なもの、鬱やこころの病いと言われるもの、がんの方も数名いらっしゃいます。

その中で一番こころに残っている『ごえん』を書いてみます。

ミッキー

私たちと同年齢の女性、H子さん。

残念なことにお亡くなりになられましたが、生前、〝私が本を書く時は、Hさんのことを紹介させてもらうからね。その本の中で『こんなに元氣になったよ！』とHさんも一言でいいから原稿を書いてね〟と話していました。

H子さんと初めてお会いしたのは9年前の平成22年。
以前私が勤めていた会社の得意先の社長のご自宅に久しぶりに遊びに伺った時のこと。
仕事上だけでなく個人的にもお付き合いをさせていただいていた方なので奥さまとも懇意にさせていただいておりました。

その奥さまから、
「今日お客さん（女性）が来るのでちょっと診てやって欲しいんだけど」

と突然のお話（ご子息は接骨院をご自宅前で開業されておられます）。

社長の奥さまがおっしゃるには、接骨院のそのメニューの中に〝温熱療法ベッド〟なるものがあり、それを受けに来られる〝がん患者のかた〟がいるからあんた治療してあげて、とのお話。

突然おっしゃられたので理解できず、よくよく聞いてみると、

☆その女性は、余命宣告を受け、すでに３ヶ月過ぎている。
☆からだをあたためた方が良いということで、今日温熱ベッドの治療に来る。
☆前々から、『波動を扱える治療家を探している』

だから、あんたやってあげて、というお話でした。

靈氣も波動って言えばそうだけれどもなぁ、と思いながら、

「私たちでホントに良いの？　その方に了解取ってからやらせてもらうわね」

と返事をしたところ、
あなたたちのことはもう話してあって了解を取ってあるから、息子の治療院のベッドを

使ってやってあげて、とかなり強引なお話。

お菓子を持って氣軽に遊びに行ったのに急に重い展開になってしまいましたが、これも何かの縁だと思い、約束の時間になるまで、社長さんや奥さまの肩に手を当てさせてもらいながらしばらく談笑をしておりました。

約束の時間の少し前、治療院に移動し妻とふたりで待っていると、金茶色のロングヘアのご婦人と、ご主人らしき方がおみえになりました。

私の第一印象は、

〝この人ががんなの？　普通にしているし、顔色も良いし、でら綺麗やし〟

とりあえずベッドに横になってもらい、いつものように私は頭に、妻は足の裏に手をあてて、1時間ほど施術をさせていただきました。

施術後、少しやすんでもらっている間に、一緒にお起しになったご主人に自己紹介と靈氣療法とはどういった治療法かをお話しをさせていただきました。

後日、ご主人から定期的に治療に伺いたいとの連絡がありましたが、ご自宅から往復約2時間も車にゆられてお起しになるより、ご主人が習われて奥さまに流してあげたらいかがですか、よろしければ私たちもご自宅に出張治療もさせていただきますよ、とお話しをさせていただきました。

奥さま（H子さん）の感想もその時にお伺いしましたが、がんの治療や薬で髪の毛が抜けていて当日はかつらをつけてみえたそうです。

私がそのかつらの上から手を当てたので、何も感じないだろうなと思われたそうですが、すぐにあたたかい流れを感じ、頭と足しか手を当てていないのにもかかわらず全身に氣が巡っているのを実感・体感され、これは凄いと驚かれたようです。

たまたまご主人の勤務先が私たちの住む熱田区と同じでしたので、仕事帰りに3日連続でおこしになり、前期のみの伝授をさせていただきました（前期は自己靈氣治療と対面での治療ができるようになります）。

H子さんは、基本ご自宅で療養されておられましたので、私たちも当初、月に何度か治療に伺っておりましたが、ご主人は朝に夜にと、毎日のように手を当てられておられました。頭が下がります……素晴らしいご主人です。

そして、具合の良いときなどは私たちも一緒に食事に出かけたり、ご主人と海へドライブに出かけたりされていて、余命宣告を受けた方とは思えないほど元氣に過ごしておみえでした（あとで聞いた話ですが東京ディズニーランドへも行くことができたそうです）。

それから3年、元氣にされておられましたが、治療に伺う約束をしていたその日にお亡くなりになりました。

その数日前にご本人から電話をいただき、妻と一緒に遊びに行きますからね、病院の近くまで行ったらこちらから連絡しますね、と話したばかりでした。

約束した当日、H子さんに電話をさせていただいた時、ご主人が出られ、

「今朝、亡くなりました。今、家にいますのでぜひ顔を見てやってください」

ご自宅にお邪魔し、最期の時のお話をうかがいました。

全身、骨までも転移し相当痛い、辛いはずだったのに痛がらずに静かに眠られたそうです。

ご主人が靈氣を流すといつも〝氣持ち良い、氣持ち良い〟と、おっしゃってみえたようです。

生前、私が直傳靈氣の本を書くからH子さんも体験談として原稿を書いてね！とお願いをした時、もう一つの約束をしていました。

それは、元氣になって〝ディズニーランドを案内してくれる〟と言うこと。

Hさんご夫婦はとにかくミッキー&ミニーが大好きで、日本だけではなく本場アメリカのディズニーランドへも数え切れないくらい行かれていました。

ミッキー&ミニー、そしてH子さんご夫婦と一緒に写真を撮れなかった事は残念に思いますが、ご縁をいただき、たくさんのことを教えていただきながら、たくさんの時間を、一緒に過ごさせていただけたことをありがたく思っております。

改めて感謝の氣持ちとご冥福をお祈りいたします。

NPO法人 日本ホリスティック医学協会

平成21年に専門会員として入会をさせていただきました。

協会に入会するきっかけは、直傳靈氣研究会代表の山口先生と日本ホリスティック医学協会（以後、協会）の前・中部支部長のHさんとが環境問題等で、個人的にも懇意にされておられ、協会のことも含め色々とお話をうかがっていたことと、靈氣療法の内容と協会の定義が同じ方向性だと言うことがあげられます。

NPO法人日本ホリスティック医学協会　定義

・ホリスティック（全的）な健康観に立脚する
・自然治癒力を癒しの原点におく
・患者自らが癒し、治療者は援助する

・様々な治療法を選択・統合し、最も最適な治療を行う
・病の深い意味に気づき自己実現をめざす

ＮＰＯ法人日本ホリスティック医学協会　ＨＰより　転載

定義の五項目全て、靈氣療法と共通しておりますが、その中でも、

〝自然治癒力を癒しの原点におき、患者自らが癒し、治療者は援助する〟

ということが全く同じです。

たくさんの協会会員の方、そして高名なドクターの方々、毎月の勉強会、そして協会から送られてくる冊子やセミナー情報など、医学的な知識を深く持っていない私にとって、勉強させてもらえることが多く本当にありがたく思っております。

そして平成28年10月、ホリスティックヘルス塾・基礎講座インストラクターの認定も受け、講座を開催させていただき、その中から2名のインストラクターも誕生しました。その方々からもホリスティックな考え方が広がり、思ってもいなかったつながりも出来、自分自身びっくりしています。

平成27年9月には協会の中部支部フォーラムで直傳靈氣に関する講演、

「靈氣療法」〜未来が求める、その実効性〜　の講師を務めさせていただきました。名古屋市内や県内外からも聴講にお越しいただき（直傳靈氣仲間や友人たちも応援に駆けつけてくれました）、55名の方に参加いただくことが出来ました。そしてその参加者の中から、６名の方々が直傳靈氣を習得され、現在活用されておられます。

また、平成29年11月、現在の中部支部長高橋信雄先生（高橋ファミリークリニック院長）の企画運営されておられるインターネットテレビ（名古屋わいわいテレビ）、〝ようこそ　高橋ファミリークリニックへ！　第１３２回「『れいき』って何ですか？」〟にも、ゲストとして夫婦で出演させていただき、素晴らしい経験もさせていただきました。

たくさんの方から、

〝観たよ〜良かったよ。楽しくて20数分があっという間だった〟

〝あの時間であの内容をまとめるなんて流石！〟

〝あれをぼくのセミナーに活用させてもらいます〟

などなどのコメントをたくさんいただきました。

いつも言う普通のお父さんであったなら高橋ドクターとこんなに懇意になっていなかったでしょうし、ましてやこのテレビ収録の経験もなく、お会いする事の無かった方々にお会いでき一緒の時間と場を共有させていただけたことをありがたく思っています。

また、高橋先生のクリニックにもお邪魔して、高橋先生ご本人とスタッフの方々、インターネットテレビ収録の時にお世話になった女性アナウンサーの方にも靈氣療法の体験を受けていただきました。

そして、昨年平成30年2月より毎月第四火曜日に、

「高橋ファミリークリニック　ＯＴＯギャラリー」

にて、直傳靈氣体験会を定期的に開催をさせていただいております。本当にありがたく思います。


ここでもう一つ。

つながりというキーワードになる面白いエピソードを紹介させていただきます。

アメリカのサンフランシスコ在住、渡辺欣也師範（九州・熊本の出身。学校長を経験され、定年になってからアメリカに渡られたそうです）から直傳靈氣を伝授された日本人女性、Ｆ・Ｆさん。

ご主人がお仕事の関係で海外赴任される事が多く、彼女はアメリカの地で直傳靈氣を受

講され日本に戻られた時、私たちが開催する直傳靈氣の定例靈授会に参加されました。
Ｆ・Ｆさんは、苗字を音読みすると良く聞くお名前なのですが、漢字で書くとあまり見慣れないお名前になります。

　定例会が終わりその夜、何か氣になって協会の会報誌をぱらぱらめくって見つけました。

協会前会長「降矢英成（ふるや・えいせい）」（赤坂溜池クリニック院長）ドクターの記事。

Ｆさんに、さっそく、メールを送らせていただくと……、

「義兄《あに》です」

との返事。そして、

「協会設立の前後によくお手伝いしましたよ～」

「ちなみに義兄とうちの主人は双子で、当たり前ですが、よく似ています（笑）」

　そのあと何度か降矢英成前会長にお会いしＦさんとのご縁をお話もさせていただきました。びっくりでしたが、協会に対し親近感を持ちましたし、より身近なものとなりました。

名古屋わいわいテレビ　１３２回「れいき」って何ですか？

URL https://www.youtube.com.watch?v=7uR26xQKGDO&t

鎮守の森

第一章の「おいたち」のところにも書かせていただきましたが、母が日蓮正宗（創価学会）を信仰していたので私も幼少（赤ん坊）の頃に入信ということになっていました。

毎朝毎晩義務のように「お経・題目」を唱えさせられていましたが、中学生になり高校生になる頃には、それまで当たり前と思っていた事に対して『?』の氣持ちと反発する心が当然のごとく湧いて来ました。

今のようにネット環境はありませんでしたので、市や学校の図書館へ行き、宗教的ないろんな教えをそこで知ることができました。

今でこそ朔日、15日には欠かさず氏神さま・熱田皇大神宮へ参拝をさせていただきにまいりますが、それも妻と結婚してからの事です。

当たり前と言えば当たり前のことですが「ご先祖さま・おかげさま」がおみえになり、連綿といのちをつなげてくださったからこそ、今こうして生きていられます。

その当たり前のことを言葉にできない、ご先祖さまや、おかげさまに感謝の言葉すら口にできない境遇に育った私は妻に言わせると「変な奴」でした。

　高校卒業後、就職。

　職場は西尾市（私）と名古屋（妻）と全く違いましたが、その年の秋頃には妻と共有する時間が増え、お正月には熱田さん（熱田皇大神宮）に初詣にも行きました。

私は全くの無意識、記憶に残ってもいないのですが、

「鳥居をくぐらない変な奴」

であったようです。鳥居の柱の外をわざわざ通って神域に入る、という事をやっていたそうです。

　そして生まれてから妻と結婚するまでの23年間、父方の、

「お墓参りに一度も行った事が無い変な奴」

でした。私の中ではお墓参りに行くという発想・文化がなく、そもそものお墓がどこにあるのかも知りませんでした。

　そんな「変な奴」でしたが、結婚する前からいろんな神社へ、ちょこちょことお邪魔をさせていただいていました。

中・高校生の時（図書館通いをしていた時）に、日本語とはどういうものなのか、日本神道（古神道）というのはどういうものなのか、そして日本人はどこから来た？　アイヌ民族と琉球民族は同じ祖先じゃないのか、など興味を抱き関連の本もよく読みました。

特に神道は宗教ではなく、

「日本人の生活そのものである」

ということを知り、小さい時によく聞かされていた宗教的な教え、理屈ではなくもっと違ったもの、感覚的なもので、家を出て独立してからは時間があると熱田皇大神宮の神域（拝殿やお社の前ではなく熱田の杜といわれる神域）や、寮の近くにあった神社にふらっと行っていたのを覚えています。そこに行くと何となく氣持ちが良い、という理由からです。

今から11年ほど前、平成20年の10月だったと思いますが、初めて〝小林正観さん〟の講演を聴きに行きました。

当時、本をほとんど読まなかった妻が、馬鹿みたいに正観さんの書籍を買い込むので、私も読んでみましたが、タイトルが違っても書いてあることはどの本もほとんど同じ。

「〇〇の法則」

とかいう、私にとって当たり前のことばかり書いてある啓発本でした。

なぜ正観さんのファンでも何でもなかった私が、講演会に行ったのか？

どうしてこんなにたくさんの人を引き付けるのか？が知りたくて、正観さんその人に興味を持ち会ってみたいと思い（妻が内緒でチケットを購入していたのも理由の一つ）会場の刈谷市まで出かけて行きました。

正観さんの講演内容は、おやじギャグばかりでそれほどでもなかった（叱られますね）のですが、お話の中に出てきた作家の「神渡良平（かみわたり・りょうへい）」先生に非常に興味を持ち、正観さんとの共著の書籍を購入して帰ってきました。

その後、共著以外の良平先生の書籍を何冊か読み、メールでやり取りをさせていただくようになり、また大切な良平先生個人所有の曼陀羅の画を貸していただいたり、良平先生のご自宅（千葉県佐倉市）にも招待していただきお邪魔をさせていただいたり。

妻のFacebookのプロフィール写真は良平先生のご自宅で撮っていただいたものです。

タイトルは忘れましたが、良平先生の書籍の中に「伊勢国一之宮 猿田彦本宮 椿大神社」へ先生が参拝をされた時のことが書かれていました。

書籍を読んだ時は、
「椿さんは、バイクに乗っていた時、よく近くまで行ったな～」
くらいの感覚でしたが、（実は椿大神社は私が生まれた三重県桑名市の一之宮で私にとって大切なお社でもありました。このことは後々知ったことです）妻と「行ってみよう」ということになり、朝早く名古屋の自宅を出発し三重県鈴鹿市にある椿さんへ行き、そこでまた不思議な出会いをいただきました。

本殿拝殿に参拝をさせていただき（ちょうど、朝の祝詞を奏上されておられる時で、厳かな雰囲氣の中の参拝でした）、天鈿女命（アマノウズメ）さんのお社～松下幸之助さんが寄贈した鈴松庵で大好きな抹茶もいただきました。

さぁ帰ろうと思って参道に戻った時、「七福神はこっち」のような看板をみつけ、なぜか氣になり、帰路とは逆方向になるその七福神の矢印のほうへ行ってみました。

着いたところは広い庭があり池があり高床になっている、
「行満堂《ぎょうまんどう》」
という建物でした。

お社というよりはお寺のようで、数段上の大広間のようなところをのぞいてみると何体かの仏像やたくさんのお位牌があってお寺そのもの。

なんで神社に仏像が？と思いながらふとお賽銭箱の横を見ると「土足厳禁」の立札。

「なんか怪しい所だからもう帰ろうよ」

という妻でしたが、興味を持った私は、

「『土足厳禁』って書いてある、ちゅうことは、『靴をぬいでおあがりください』ってことやろ、大丈夫やから、ちょっと入って見ようよ」

と、誰もいなさそうなお堂の中に一礼をして入らせていただくことにしました。

恐る恐る妻も一緒に入ってきて、上座壇上に並ぶたくさんの色とりどりの仏像を前にして、

「なんかすごいね」

と私が言うのと同じタイミングで、

「いらっしゃい」

という男性の声が聞こえたのでびっくり仰天！

誰もいないと思っていたのですが、それが「Tさん」との出会いでした。

T「今日、これからどこかへ行くのかな？　時間はあるの？」

私「大丈夫ですよ、今日は椿さんにお参りに出かけてきただけですから」
T「そう。だったらこのじじいの話を聞いて行ってくれるかな？」
私「ありがとうございます、お話を聞かせてください」

と、返事をさせていただき座ったのは良いけれど、一向に話が始まる氣配がない。
仕方がないのでまた仏像の置いてあるところへ行ってみると、

T「神さまを抱いてみるかね？　珍しい台湾の神さまを預かってるんだけどね」
私「神さまを抱くって、大丈夫なんですか？　神さまでしょ？」
T「大丈夫だよ、わしがちゃんとあとで祓っておくから」

とおもむろに金ぴかの高さ60センチ程の像を持ってみえて私の膝の上に。
どうしたらいいのかフリーズ状態でいましたら〝記念に写真を撮っておけ〟と。
言われるがまま、妻に撮ってもらい元あったところに戻そうとしたら、

T「こら！　あんたら夫婦やろ。こういうことは片方だけじゃあかん、奥さんもちゃんと抱いて、写真もとらな！」

みえました。

と一喝されました。（そんなこと言われてもね）そんなこんなしているうちに、もうおひとかたスーツをびしっと着た男性の方が入って

T「いらしゃっしゃい。よく来てくださいました。時間はあるの？　じじいの話を聞くかね」

と私たちと同じフレーズをその方にもかけられて、やっとお話がスタートしました。

T「ところであんたらは、どこから来たの？」

私たちは、名古屋の熱田区から来たこと、そして男性の方（岡本さん）は厄年という事

で椿さんにお参りに来た（それも東大阪から50ccのスクーターに乗って）ということでした。

T「そうか、熱田区か。お参りはどっかに行っとるのかな?」

私「熱田区に住んでいるので、熱田神宮に行ってます」

元氣よく答えたのですが、Tさんは親戚ばかり行ってないで、ちゃんと本家に行け、と。名古屋の熱田だったら一宮市の「真清田神社」が一之宮だからそこに行かなあかん、と。

〝一宮市の一之宮?〟

私には理解できない（知識がない）お話がたくさん出てきて、それから約2時間いろんなことを教えていただきました。

☆まず氏神さまにちゃんとあいさつに行くこと。

☆神社には「一之宮・二之宮・三之宮……」があること。

☆お参りするときには、どこで生まれて今どこに住んでいる誰々と名前をちゃんという事。

☆大事なお社はちゃんと神職の方につないでもらう事……などなど。

Tさんは椿大神社の神職だったのですが、定年後この行満堂を任されておられるということで、私たちがお邪魔するたびにいろんなことを教えてくださいました。

今の私たちの神社関連の知識の半分以上はTさんに教授していただいたものと言ってもいいくらいです。

参拝の作法に始まり、こういう時はこの神さま、こんな時はこの神さま、参拝する前にちゃんとご祭神を調べていったほうがいいよ、とか、ここに書くと問題がありそうな神社庁のことまでいろいろと教えていただきました。

かなりマニアックというか、神職の方ならではのお話も多かったのですが、やはり「神道」というものの本質というか根本は、Tさんならでは。それもいろんな経験をされてきたTさ

「毎日の生活の中にすべてがある」

「生きること＝感謝をすること」

ということに尽きると思います。

感謝の氣持ちを持って、今・今日をどう生きるか。

朝目覚め、目が見え、呼吸ができ、布団から起き、朝陽を感じ……そのすべてのことが

当たり前ではないということ。

今こうして生きていられることは当たり前ではないということ。その「今」に感謝の氣持ちをしっかり持って生かさせていただく。それがいかに大切か。

日本人が守り育み伝えてきたこと。

「神の道」は「私たちが生きる道」「生かさせていただいている道」「感謝の道」、そしてその「道」を私たちはしっかりと伝えていかなければならない「道」でもあります。

「今日だけは、」に始まる臼井先生の五戒の教えも同じものが根本にあると思っています。

毎朝祓い祝詞をあげさせていただいておりますが、その祝詞集もTさんにいただいたもので、大切に使わせていただいております。

オーガニックカフェ嘉利＆石徹白洋品店

わたしたちの直傳靈氣を語るのに、岐阜県郡上市白鳥町那留『オーガニックカフェ嘉《か》利《りぃ》』さんを外すことはできません。

カフェのマスターとママのおふたりで、郡上白鳥という人口比率を考えると大きすぎるんじゃないのかなと思うほど、ゆったりとした素敵なお店を経営されておられます。それも完全ビーガンのメニューしかありませんので、ちょっとびっくり超こだわりのカフェなのです。

郡上市、それも中心の八幡ではなく白鳥というこの場所になぜ縁をいただけたのか。

郡上白鳥には『白山長瀧神社』というお社があり、同じ白鳥の石徹白（いとしろ）には『白山中居神社』という、白山信仰における重要なお社が鎮座されています。

２０１３年の８月、名古屋から郡上に移住した鍼灸師であり助産師であり、直傳靈氣の修了者でもあるＫＹちゃんと一緒に初めて『白山中居神社』に参拝をさせていただきました。その時の待ち合わせ場所がオーガニックカフェ嘉利さんだったのですが、あいにくその時は臨時休業。

「ここのママは元々名古屋に住んでいて、こっちに移住してきたんだよね～」

「直傳かどうかわからないけど『れいき』もできるんだってさ～」

KYちゃんの言葉に妻とふたりで、

〝へ～そうなんだ。KYちゃんもそうだし、郡上という所は移住される人が多いんだね～で、『れいき』もたぶん西洋レイキだよね〟

なんて話していました。

ログつくりの趣のある素敵な建物で、駐車場も広く、子ども向けの遊具も桜木もたくさん植えてあり〝今度は営業しているかどうか確認してから来ようね〟と言う話しもしておりました。

　それから何ヶ月後か、産婦人科のドクターで『胎内記憶』の第一人者、池川 明先生の講演会＆『かみさまとのやくそく』という映画の上映会に出かけたおり、案内のパンフの中にオーガニックカフェ嘉利さんのチラシも一緒に入っていました。

そのチラシに記憶の中にある懐かしい顔写真が載っていました。

私「この写真、あの、かな代さんだよね……。『かな代ママ』って書いてあるし」

妻「似てるね、そっくり」

私「以前にくらべるとぽっちゃりしてるけど、やっぱり、かな代さんだよね！」

妻「早く郡上のお店にいかなかんね～」

２００７年、私が直傳靈氣の師範格認定をいただき、その年の10月に7人目の修了者としてお伝えした方が『かな代さん』でした。

当時は名古屋東区で『きっちん・かなよ』というオーガニック居酒屋をおひとりで切り盛りされており、いつも大変お疲れのご様子で、靈氣練習会の時などは最高の病腺（※）提供者で、ある意味ありがたい女性でした。

（※）病腺とは、靈氣療法を習得したものが手を当てると感じる独特の感触のことを言います。

〝結婚されてもう名古屋にはいないらしい〟
とある時お聞きし、そのままになっていましたが、まさかまさかの再会で、びっくり以上のものがありました。

オーガニックカフェ嘉利さんには、カフェの店舗だけではなくレンタルスペースもあり、直傳セミナーや体験会、勉強会も何度となく開催をさせていただいていますし、嘉利さん主催のイベント参加、そしてその空間が心地よく、飛騨古川や福井への行き帰り、そして白鳥地区へのツアーを企画などしたりして、今では、

〝ご近所の岡村さん〟

と呼ばれるほど何かにつけお邪魔するようになりました。

そして、そして、

『石徹白洋品店』さん。

郡上で、白鳥で一番最初に直傳靈氣のセミナーを開催させていただいたのが石徹白洋品店さん、それも大雪が降る中でのセミナー開催でした（２０１３年12月）。

前出のＫＹちゃんと最初に白山中居神社に参拝したその帰りに初めてお邪魔をし、妻が義母用にと、かわいいバッグを購入させていただきました。

義母は、何かしらのものを買って帰ったりしても、

〝今使っているものがあるから〟

と使わなかったり、どこかにしまっておいたりする人で、その時も妻は、

〝使わない〟

と義母が言うと思い（妻自身が使うつもりで自分の好みを選んで）購入したようです。

ところが、家に帰りお土産だよ〜って渡した途端、これいいねと、すぐに使い始めました。当てが外れた妻は、

〝なんだ〜私が使いたかったのに〜〟

と、またすぐに石徹白洋品店さんにお邪魔することになりました。

石徹白洋品店さんには3人の男の子がいます。

長男の源くんは今、小学1年生。

彼がまだ「はいはい」をしているときに初めて会ったわけですが、ちぃちゃい子好きな私は、その時も彼を抱っこしながら庭や小川のまわりを散歩しておりました（妻はお買いもの、バッグを吟味中）。

腕もちょっと疲れてきたので、お店に戻ってくるとなぜか靈氣セミナーの話を妻と店主のＨＫさんがしていました。

私「氣にいったバッグはあった？」

妻「無い。おかあちゃんにあげたのが一番いいわ〜。それより、ここで直傳のセミナーをすることになった」

私「えっ!?　どういうこと？」

私が源くんと散歩中、店主のＨＫさんとバッグの話しをしているうちに、

☆ＨＫさん家族は岐阜市内から移住してきたこと、

☆ここ（石徹白）には病院が無いから源くんが病氣になったら大変だ（最寄りの病院まで30〜40分は必要で、雪が降ったら家から出られなくなる）ということ、

☆何らかの治療法を学びたいと思っていること……などなどになったそうです。

そして、『れいき』のことはご存じで、

☆学ぶなら海外のものではなく、日本の靈氣を、と思っている

☆しかし、どこに行けば習えるのかわからない

☆小さい子（源くん）がいるのでそう遠くには行けない

というお話しをしていたようです。

妻「ここにいますよ。なんならこちらにお邪魔してセミナーもできますよ」
HK「？・？・？」
妻「私も主人も日本の靈氣の継承者で、お伝えできる資格を持っています」
HK「え〜〜っ、ほんとですか！」
妻「ここの場所をお借りできるなら、ここでセミナーもできます」

ということで、HKさんだけではなくご主人も受講したいということになり、少し間が空きましたがお互いの予定が合う12月の13・14日に郡上初セミナーを開催させていただくことになりました。

ところがこの石徹白という場所は日本でも有数の豪雪地帯らしく、2日前までは雪の『ゆ』の字もありませんでしたが、名古屋でも前日からちらちら舞いだして、一緒に受講された、現在師範のKMさん（同じく郡上市白鳥町大島　在住）が、
「地元のひとだったらこんな雪の降る日に、石徹白なんて絶対に行かない」

と言わしめるほど、ものすごい雪が降り積もるとんでもない地区だという事でした。
私たちは、しょっちゅう飛騨古川に行きますので、20年近く前から11月になると必ず四輪ともスタッドレスに履き替えます。
乗っている車は四輪駆動ではなかったですが、それでも多少の積雪なら慣れたもので困ることもありませんでしたが、ＨＫさんとの事前の打ち合わせで、

ＨＫ「ところで、岡村さんの車は四輪駆動ですか？」

私　「いいえ、ＦＦですけど、四輪ともスタッドレスタイヤを履いているので雪が降っても大丈夫ですよ～真冬でもこれで飛騨古川に行っていますから」

ＨＫ「いやいや、岡村さん。四駆でも雪が積もると峠を越えられないことなんてしょっちゅうですから、四駆で来てください」

素直な私は前日、いつもサッカーのマイクロバスをお借りしているトヨタレンタリースさんで四駆のステーションワゴンを借り、早朝に名古屋を出発。
白鳥町大島のＫＭさんをご自宅まで迎えに行き石徹白に向かいました。

ＫＭ「地元のひとだったらこんな雪の降る日に石徹白なんて絶対に行かないですよ」
　　「この雪の日に行く意味が、なんかあるんでしょうね……」
私　「こんなもんだったら大丈夫でしょう、この車、四駆だし」
ＫＭ「いやいや、こんなもんで済まないと思いますよ～峠、大丈夫かな？」

と車内で話しながらも無事到着。

そこそこ積もってはいましたが全然大丈夫で、予定どおりの時間に到着。

そして、前期セミナーの開始。

はじめましてのご主人も、ちゃんとおみえになり（ご主人は超理系の方で『目に見えないエネルギー』のセミナーを受講されるなんて信じられない、石徹白に行ったらご主人はたぶんいないと思うよ……と嘉利さんや近所にお住いの方から聞いておりました）。

和氣あいあい、スムースに一日を過ごさせていただき、帰りも全く問題なくＫＭさんをご自宅に送り届け、オーガニックカフェ嘉利さんへ予定どおりに帰着。

この夜は嘉利さんに泊めていただき、夕飯もいただいてお風呂は近くの通称『美人の湯』白鳥温泉で、舞う雪を観ながら超贅沢な露天風呂。なんという至福の時間。

〝極楽、極楽〜〟と言いながら、趣のあるゆったりとしたひとときを楽しませていただきました。

翌、二日目。

朝起きて、嘉利さんを出発する時は２〜３センチの積雪で、車にたまった雪をおろし、ＫＭさんをお迎えに上がり、まではよかったのですが、川沿いにある道路がガチガチに凍っていて超ゆっくりしか走られない。

そして極めつけは、この雪を目当てに来た他府県ナンバーのスキーヤー＆ボーダーの車が峠道で行く手を遮り……（石徹白に行く途中に２つのスキー場があります）。四駆だけど夏タイヤ、スタッドレスだけどＦＦやＦＲの車ばかりで大渋滞（というより通行止め状態）どうしようもない状態でした。

何とか１時間遅れで石徹白洋品店さんに到着（積雪約20センチ）。午前中に前期二、食事をいただいてから前期三をお伝えし、セミナー終了は17時。という予定でしたが、

〝15時すぎにはここを出ないとスキー客の車でまた大変なことになりますよ〟

ということで、巻いて巻いての滅茶苦茶濃い内容の、初郡上セミナーになりました。

何とかまだ明るいうちにセミナーを終了し、外に出てびっくり！

乗ってきた車がどこにあるのかわからない!!

駐車した位置はわかっているのですが、雪が多すぎて、あたり一面真っ白で何が何だか全くわからないほどの大雪。

ＨＫさんのご主人が雪かきをしながら玄関口まで私たちの車を移動してくれ、何とか車に乗り込み運転席に座ってまたまたびっくり。

私の目線より雪の上面が20センチほど上にあり、プレッシャーを感じる雪壁の中をそろそろと表の道路まで。

ご挨拶もそこそこに帰路についた私たちですが、道路を走っているんだか、雪の中を潜水艦のように進んでいるんだかわからないくらいの感覚で、四駆なのに四輪とも心地よく滑る滑る滑る。ある意味楽しんで峠越えをさせていただきました。

「この雪の中、石徹白まで行ってセミナーを受けるのには何か理由があるんでしょうね」

ＫＭさんのつぶやきが、いまだに私の耳の中に残っております。

ちなみに、翌日名古屋は超快晴で、

友「岡村さん、昨日はどこへ行ってたの？　フェイスブック見たよ！　すごい雪と、つららだったね！　それにしても、帰ってくるの早かったね～、何時の飛行機で帰ってきたの？」

と友人から聞かれ、

私「岐阜の郡上だよ、車で行ってたの！」

と答えても、海外のどこかの雪山に行っていたと思っていた友人には信じてもらえませんでした。そのくらい凄い量の雪でした。

やまと絵

みなさんは、〝やまと絵〟というのをご存知でしょうか？

ともゑ塾でセミナーを受講された方や施術を受けにおみえになられた方はご存じだと思いますが、京都中京区にある〝有限会社よしと・吉泉（きっせん）〟さんが描く絵です。

そのキャンバスは「麻紙《まし》」

その麻紙に鉱物やサンゴの微粉末を絵具として使いまた金箔やプラチナをも使った、エネルギーの塊のような絵です。

しかしその画風は「童心が奏でる」と言われているように、小さな子どもを描いたものが多く心あたたまると同時に観る人それぞれ感じるものが違う素晴らしい絵ばかりです。

吉泉さんとの出会いはもう８年７ヶ月前になります。

東北の大震災（３・11）があった平成23年の５月に直傳靈氣セミナー修了者の方たちと研究会本部に遊びに行きました（毎年２回、ともゑ塾で春と秋に京都日帰りツアーを企画、鞍馬山・貴船神社・三十三間堂そして、山口代表にもお越しいただき研究会本部にお邪魔をさせていただいております）。

その時、震災チャリティー・研究会の離れで個展を開催されておられたのが初めましてになります。

吉泉さんと山口代表は環境問題などのことで以前からお知り合いで懇意にされておられたようです。

この出会いも不思議というかご縁なんですね、この日に本部にお邪魔すると山口代表と打ち合わせして決めたのが、前年の平成22年12月。

その時は当然震災が起こるなんて考えもしませんでしたし、震災がなければ吉泉さんにもお会いすることはなかったのかなと思います。

　このチャリティー個展だけでなく、震災後吉泉さんは日本中の神社に「龍画」を奉納されておられ現在は１０８枚もの画を納めていらっしゃいます。

　神社はその地区・地域・わたしたちの故郷を守っていてくださる存在。

そしてその神社に「龍画」を納めることによって個々の神社がつながり、ひいては日本国中がつながってゆき平安な国土になり、そこに住まう私たちが平和な心持で過ごせるように、というような願いから始められたと伺っています。

簡単に〝始められた〟と書きましたがびっくりすることに吉泉さんは、いわゆる「コネ」があるわけでもなく、

　〝こういう趣旨で奉納したい〟

と、ある意味飛び込みで直接連絡をとり納められておられます。

北海道神宮・明治神宮・熊野本宮大社・八坂神社・大宰府天満宮などなど直接交渉（？っていうのかな）して納めるってすごい人だと思います。

私たちの地元、熱田皇大神宮にも納めておられ奉納式にも参列をさせていただきました。

　神社だけではなく、お寺の仏さま、大学の教科書の絵などもお描きになり、日本全国か

ら講演依頼もされ、飛び回り多岐にわたり活躍をされておられます。

名古屋でも毎年個展を開催され、その時には直傳の施術も毎回受けに来ていただいており、お茶や食事もご一緒させてもらいいろんなお話を聞かせていただけるのでありがたく思っております。

奥さまやお嬢さまにもお会いし京都の工房にも数回訪問もさせていただいております。

この本の表紙も「祝三つ」という吉泉さん作のやまと絵です。

冷えとり&九州

みなさんは、「冷えとり」という言葉をご存知でしょうか？

「冷えとり」という言葉をご存知の方は、その意味をご存知でしょうか？

２０１５年4月19日、岐阜県高山市で行われた「冷えとり」のイベントに、

〝直傳靈氣の体験ブース出店をしてみませんか？〟と誘われたのが、私と「冷えとり」との出会いでありました。

「冷えとり」と言うのは文字どおり「冷え」を「取り除く」こと。

からだの「冷え」を取り除く（逆に言うとからだをあたためる）ことで、体内環境が活性化、浄化力・免疫力・治癒力などの本来からだが持つ機能がより働くようになります。

直傳靈氣の手法も「からだの氣の流れが良くなり」「体内環境が活性化され」と、ある意味同じですので、「冷えとり」の深い意味がわかっていませんでしたが、そのおさそいのままに出店参加、妻と一緒に折り畳み式の施術ベッドを持ち込んで体験会をさせていた

だきました。

（4月19日は我が故郷 飛騨古川 氣多若宮神社の例大祭・越し太鼓の日でもあります）

午前がブース出店で午後がお話し会、という流れでしたので体験の30分6枠は予約ですぐに埋まってしまうほどの盛況（後日、直傳だけの体験会を飛騨古川で開催をさせていただきました）。

午後のお話し会の講師は、九州・長崎からお越しの、はじめましてのMちゃん先生。私は知らなかったのですが、彼女は冷えとり界（？）では有名な方らしく（佐世保市在住・それも現役のドクター、麻酔科のスペシャリストです）、会場はたくさんの、「冷えとりさん」の方々で熱氣ムンムン、活氣にあふれ、みなさんの熱心さがよく伝わってきました。

Mちゃん先生、はじめましてなのですが、お会いする以前にフェイスブックでお友だちになっていたこともあり、変に構えることもなく、普通に以前からお付き合いいただいている「近しい友人の感覚」でした。

冷えとり自体がよくわかっておりませんでしたので、お話しされた細かい内容はよく覚えておりませんが、生き方、自分がどうしたいのか、というのにもつながるお話だったように記憶しています。

その後、昨年８月までの４年間は直接お会いできる機会がなかったのですが、ご紹介をいただき、私の生まれ故郷三重県桑名市での、冷えとりマルシェに出店もさせていただきました（三重県の冷えとりさん主催）。

Ｍちゃん先生と４年間、ニアミスは何度かありましたが、ず〜〜っとお会いできていなかったのですが、昨年８月からこの１年と４ヶ月間で７回お会いしています。

最初にお会いしてから２年後の２０１７年６月、Ｍちゃん先生から、

『直傳靈氣セミナーを、オーガニックカフェ嘉利さんで受講したい』

との連絡をいただいてびっくり仰天！。

そして、その後のメールのやり取りで、

『夏休みか秋休みとって行きま〜す。』

という事でしたが、８月には、

『今年の予定がほとんど入ってしまいました、雪が解けるか名古屋で年明けに受けるか』

というメッセージをいただいたのですが、そのあともお互いの予定が全く合わず…。

日程が決まるまでの間も、遠隔で治療をさせていただいて靈氣を実感していただいたり、Mちゃん先生のお友だちご夫婦が、ともゑ塾まで治療を受けに来てくださったり（その後、ご主人が直傳を習得されました）して、連絡だけは取りあっておりました。

　２０１８年４月のこと。

その年の9月に、研究会代表山口忠夫先生を岐阜県郡上市にお招きしての、〝直傳靈氣修了者交流会@郡上白鳥オーガニックカフェ嘉利〟を企画しました。

イベントとしてうちのホームページやフェイスブックに告知をしたところ、

『こんばんは、9月、行ける方向で考えます！』

と、Mちゃん先生からのメッセージ。

このイベントはセミナーを修了した方々が対象なので、参加ご希望であればその前に、たとえば8月のどこかでセミナー開催できると良いですね、と返信をさせていただきました。

　その後、何回かのやり取りのあと、

『8月25～26日の2日間ならスケジュールが空けられそうだ』

という連絡をいただき、会場を確保していただけるのなら、佐世保にお邪魔してセミナー開催をさせていただきます、という流れになっていきました。

その時のセミナー受講予定者は、Ｍちゃん先生おひとりだけでしたので、経費やその他もろもろの事を考えると足踏みをしてしまうのでしょうが、

〝まぁ、なんとかなるだろう〟

という、いつもの思考であまり深く考えずに「佐世保セミナー開催」を決めました。

　私の横でそのやり取りを聞いていた妻は、

〝簡単に言っているけど、この人は佐世保がどこにあるのか知っているんだろうか？〟

と思っていたそうです。

　とりあえず、最初に連絡をいただいてから１年２ヶ月後に実現、という運びになりました。

〝さて、行くことは良いけれど、どうやって行こう？？〟

　昨年の夏は非常に台風の多い年で、なおかつ大型台風が連続で発生。

この佐世保にお邪魔する時もその例外ではなく、２日前から飛行機は止まり、鉄道・新幹線も運休、当然フェリーも欠航。

　私たちがどうやって行ったかというと「うちのちび・ＮＢＯＸ」で往復１８６７・１キロのドライブ。

飛行機や新幹線が止まったから車で行ったのではなく、治療用のベッド（施術&その説明でも必要）や椅子、遮光用のカーテン、テキストや資料などなどのグッズがたくさんあり、宅配便などの別便で送るのも手間だし佐世保で動き回るのにレンタカーも必要。とことこ、のんびり走れば何とかなるだろう、眠くなったらどっかのＳＡで仮眠すればいいし……と、最初からちびちゃんで行く予定をたてました。

〝ロングドライブを楽しんで行きます〟

と連絡した時、Ｍちゃん先生もびっくりしておられました。


前々日、8月23日の夜9時頃、風が吹き始めた名古屋を出発。

迫りくる台風目掛けて〝西に、西に〟と走るのですから、強風・突風が吹きまくり、雨の壁と大型トラックの壁に囲まれての運転になりました。

妻が、今台風はどこにいるかなど種々の台風情報を助手席で検索。

車が1メートルくらい流されたり、道路標識があちこちで倒れていたり、雨が帯になって真横に降っていたりするのをこれまた妻が動画を撮ったり、

〝これからの人生の中で、二度目の経験はないだろうから、貴重だよね～〟

〝大自然の力はすごいね〜、いかに人間が無力でちっぽけか〟

〝こうしていられるのはありがたいよね〟

なんていう会話もし、緊張しながらも、ある意味楽しんで走りました。

それにしてもあの半端ない状況でよく高速道路が通行止めにならなかったなぁ、と思います。


24日の早朝、関門橋を渡る時は感動と感激。

九州に入るトンネルの入り口上部に「ようこそ！　九州へ」の文字に勇気づけられました。宗像大社に着く頃は、台風一過、空氣も爽やかで、おひさまも氣持ちよさそう。

雨と風に清められた神域の時間は、素晴らしい参拝になりました。

参拝の後、地元の宗像王丸・天然温泉〝やまつばさ〟でまったりさっぱりリフレッシュ。

給油後、再び高速に乗り、一路セミナー会場の自然食草月庵さんへ。

はじめましてのご挨拶と、遮光カーテンを取り付けたりレイアウトを考えたりの会場準備と翌日の打ち合わせをさせていただき、ホテルへ。


翌25日、草月庵さんの氏神さまにごあいさつの後、セミナー開始（前期一・二）。

セミナー２日目、26日は午前中に前期三の講義。

後期セミナーを11月に開催することと、セミナーを開催できる指導者（師範格や師範）の方が佐世保に誕生するまでは毎年何回かお邪魔をする、ということをお約束し、14時頃おいとまする予定でしたが、氣がつくと、大幅超過のなんと17時！

名古屋に戻ったのは27日の朝４時過ぎになりましたが、新規８名、再受講１名の総勢９名の方にお伝えをさせていただけ、素晴らしい時間をいただくことができました。

地元佐世保市をはじめ・長崎市・西彼杵郡・福岡県、遠くは大分市からもお越しいただきました。

その後、
２回目、２０１８年11月にお約束どおり後期セミナーの開催、
３回目、２０１９年02月・新規４名の方々に前期・後期をお伝えし、
４回目、２０１９年07月・新規３名 再受講１名。
（９月には、大分県宇佐市でも開催をさせていただきました）
５回目、２０１９年11月・新規３名 再受講３名の方に伝授。

記憶力抜群の方はここで「?」と思って見えるかと思います。Ｍちゃん先生とこの1年3ヶ月で7回お会いしていると書きましたが（１７８ページ）、あと2回はどこで会ったのか?

そうなんです、Ｍちゃん先生、実は名古屋のともゑ塾で開催の「後期セミナーの受講」にきてくださいました。

２０１８年11月に後期を佐世保で開催させていただきましたが、思う所があり、その前に受講したいということで、10月に往路は飛行機で名古屋まで来ていただき、復路は京都から新幹線で帰られました。

この時も実に面白い展開で、通常1日で後期セミナーは修了される方が多いのですが、わざわざ1講義ずつ、２日に分けて開催をさせていただきました。

名古屋に来ていただく前にいろんな〝キーワード〟がＭちゃん先生に届いていたようです。

そのうちの一つが『京都』

　みなさんは京都東区にある蓮華王院「三十三間堂」をご存知でしょうか？

１０００体の千手観音立像とご本尊の坐像で１００１体の観音さまがおわすところです。

実は、公称１００１体ですが、１００１体いつもはおられません。

坐像はご本尊ですので建物のど真ん中に鎮座されておられますが、立像のほうはよく見ると歯抜け、隙間がところどころ空いています。

これはどこかの博物館や美術館の催事などに貸し出されたり、金箔などの修復にだされたりしていて実際は、約９００体の観音さましかおられないのです。

それが昨年の10月、26年ぶりに１００１体が揃うというびっくりの日があったのです。

　千手観音さまは「十一面千手千眼観世音菩薩」というのがちゃんとしたお名前です。

十一のお顔を持ち千の手に様々な持物をお持ちになり、ありとあらゆる手法で私たちの悩み苦しみを取り除いてくださる慈悲深い菩薩さまです。

　直傳靈氣の後期セミナーでは、この「十一面千手千眼観世音菩薩」さまのありがたいお力もお借りする治療法もお伝えをさせていただいておりますので、縁深い観音さまでもあります。

Mちゃん先生がともゑ塾に来てくださった日、まさにその日に１００１体が26年ぶりに揃うというどんぴしゃの期間でありました。26年ぶりですよ！　なんという巡り合せ。

最初は往復飛行機で名古屋に来て前泊をし、１日で後期セミナーを伝授、そして当日のうちに帰る、という予定でしたが、後期一を午後、後期二を翌日午前中に済ませ、講義が終わり次第、京都三十三間堂まで走り、観音さまにお会いして新幹線で福岡、乗り換えて佐世保まで、という予定に変更しました。

そしてまた同じ日に受講してくださった奈良県磯城郡にお住いのＦＮさん。

奈良から日帰り２日間、早朝からお越しいただき、２日目は一緒に京都まで。

言葉では言い表せない、こんなミラクルなことが起こったのです。

そしてもう1回は、今月12月01日に郡上市高鷲で開催された、

〝Mちゃん先生の冷えとりお話し会〟の時。

Mちゃん先生は、前日東京でもお話し会があり、その日のうちに名古屋に入り郡上からお迎えが来て岐阜郡上まで。そしてお話し会が終わり次第、夕刻また中部国際空港から帰路につく……という超ハードなスケジュール。

私たちも郡上のお話し会に参加するので、当日朝まで名古屋のホテルでゆっくりしていただいて、一緒に会場に行きましょう、という内容に変更。

予定変更で、Ｍちゃん先生も少し東京でのんびりできたようです。


お話し会に参加された50名を超える方々。

Ｍちゃん先生が講演途中に、

〝直傳靈氣の修了者のかたは手を挙げてみてください〟

と尋ねてくださったところ、半分以上の方々の手が挙がり、郡上に直傳をお伝えできて良かったと改めて思いましたし、本当に嬉しかった時間でもありました。


九州の話に戻りますが、ご縁をいただき大分県宇佐市でも２０１９年９月に３日間のセミナーを開催させていただきました。

新規の方と、再受講そして地元のＭＹ師範にもお越しいただけて嬉しい限り。

ぜひ来年も、というありがたいリクエストをいただきましたので、第２回目の宇佐セミナーは２０２０年７月に開催予定をしています。

佐世保　２回
宇佐市　１回
という、九州のほぼ真ん中、西と東での開催。

ご縁と出会いは本当に面白く、わくわくが止まりませんね。

私は、直傳靈氣に巡りあってから人生が変わったと思っています。

ミッキーが大好きなＨ子さんご夫婦、ホリスティック医学協会のドクターやその会員の方々、Ｔ神官さんをはじめとする今までにお会いしたたくさんの宮司さんや神職のみなさん、素晴らしい場所で新しい生活を始められ、その環境の中で良き伝統を伝え、新しい考えを行動と共に発信をされておられるみなさん、日本全国をつなぐやまと絵、そして今まで全く縁がなかった九州での時間。

直傳靈氣に出会ってから、この本には紹介しきれないくらいたくさんの場所・人・時間・空間など素晴らしいご縁をいただいております。

ただ何となく日々を過ごす生活であったなら、出会わなかった、ご縁をいただけなかったであろうことばかりの連続です。

もし、同じような出会いがあったとしてもその「質」と「内容」「濃さ」が全く違ったものであったろうと思います。

今日のこの日に、「今」に感謝をしております。ありがとうございます。

終章　最後に

ケガや病氣は薬や医者が治してくれる？（その2）

私は、直傳靈氣を習得して以来13年間、病院にお世話になることがなくなりました。

もう一度あなたにお聞きします。

もし、あなたが病氣になった時あなたはどうしますか？

もし、あなたの子どもや奥さんが風邪をひいたら何をしてあげられますか？？

あなたがあなたの主治医になれる？

直傳靈氣に出会うまで、病氣やケガは医師や薬が治してくれると思っていました。

直傳靈氣に出会うまで、自身が持つ「浄化力・免疫力・治癒力」というものに意識を向けることは全くありませんでした。

誰でも生まれながらに、「自分自身を修復・治癒させる力がある」ということに目を向ける事や、そのきっかけさえもありませんでした。

幼い頃、転んでひざや顔をすりむいた時、母が〝痛いの痛いの飛んで行け〟と優しく手を当ててくれた事を忘れていました。

病院へ行かずとも知らず知らずのうちに〝かさぶた〟がはがれ、新しい皮膚ができてくるのを、何度もなんども経験していることを忘れていました。

幼い頃、風邪をひき熱が出ても、氷枕をタオルで巻いて頭の下に敷き……2日も寝ていれば薬を飲まなくても、元氣な自分に戻っていたことを忘れていました。

直傳靈氣は、私たちが忘れてしまっている
〝生きとし生けるもの、すべてに備わっている能力〟を最大限に引き出しサポートしてくれます。

直傳靈氣の手法は、習得するのに本来困難だと思われる自分自身の病を改善させ、他の方にもその効力を発揮できる「自他ともに幸福に満ちる事」ができる手法です。

ただ、〝手をあてる〟だけの、生まれながらにある、その能力が、あなたの人生を変える力をも持っています。

ただただ「手をあてる」本当の「おてあて」がここにあるのです。


あなたが、あなたとあなたの愛するすべての人たちの主治医になれるのです。

何かにぶつけたり、痛かったりした時の、

「手をあてる」という、日常生活でごくごく自然な行為が、

「治療行為」になるのです。「治療をする」と思わなくてもからだはそう認識をして治癒の方向へ向かって行きます。

何氣ない日常の全てがあなたを幸せに、心安らぐ、平安な、何の心配も不安もない毎日へと導いてくれます。

その力は、他から与えられるものではなく、本来あなたが持っているもの。

生まれるその時から潜在的に持っている能力なのです。

その力は、特別な人のみが持っているものでもありません。

あなたも私も、お隣りのお友だちも、かわいい猫ちゃんもワンちゃんも植物でさえ持っている。

生きとし生きるものすべてに備わっている能力なのです。

あなたは、その力を持っていることを忘れてしまっているだけなのです。

あなたがあなた自身と
あなたの愛するひとたちのためにできること

「心身改善臼井靈氣療法 直傳靈氣」

忘れてしまっている能力を目覚めさせ、あなたがあなたらしく、あなたが本来のあなたになるお手伝いをしてくれるのが直傳靈氣です。

そしてあなただけでなくあなたの愛するご家族、友人知人、全ての人たちも本当の自分に戻れることができるのです。

自分の病氣を、そして家族の病氣を癒すこと。

ものすごく大変なことのように思えます。

臼井先生が、

ありとあらゆる勉強をされ、たくさんの経験をし、３年間という禅の厳しい修業でも得ら

れなかった、

「安心立命」という悟り。

厳冬の３月、鞍馬山に籠り一切の飲食を絶ち、

ご自身の「死」と引き換えに体得された、「靈氣療法」

その「靈氣療法」をあなたも体得することができるのです。

戦前は１００万人以上の方たちが日常の中で当たり前のように活用されておられた「靈氣療法」をあなたも習得することができるのです。

日本で生まれ、日本で育ち、愛情と共に脈々と伝えられてきた、

「本当のおてあて」

「純粋な日本の治療法」

をあなたもあなたとあなたの愛する家族そして回りのみなさんに感じてもらうことができ、

健やかに元氣に笑顔の毎日を送ることができるようになるのです。

「医療の自給自足をめざして」

「あなたがあなたとあなたの愛する家族の主治医に」

あとがき

今、生かさせていただけいている。

嫌だったこと、辛かったこと、逃げ出したかったこと、涙したこと。

その全てが「今」の糧。

全て今を幸せに生きるため、今を最高に楽しむために必要だったこと。

たくさんの経験、たくさんのご縁と出会い。

それは全て「今」に生かされている。

これからもずっと、その時が来るまで「今」の連続。

その時のためにみんなが安寧で平安で、

心に迷いが無く、全てのものとつながり過ごせるように。

それを教えてくれたのが直傳靈氣です。

これからも、

「今」がある限り伝え続けて、

「その時」が来てもみなさんの、
「今」として続いてゆくように。

わたしとみなさんのこころの中に、そして魂（靈）の中に、
「平安のこころ・安心立命」を持ち続けられるように。

靈氣療法肇祖　臼井甕男先生遺訓

今日だけは　怒るな　心配すな
感謝して　業をはげめ　人に親切に

ＮＰＯ法人国際直傳靈氣協会　〜〜つなぐ　むすぶ　つたえる〜〜

直傳靈氣を通して人々をつなぐ。
みんなを幸せにするために直傳靈氣修了者が心をむすぶ。
そして世界に広くつたえる。
そんな想いで国際直傳靈氣協会は誕生しました。

この法人は、一般市民に対し、靈氣療法の健全な普及のため、また生涯における学習の場として各種セミナー、ワークショップおよび交流会等を開催するとともに、日本を始め各国で活動する直傳靈氣師範および師範格に対し、能力向上と創造的な実践活動の推進のため事業を行い、社会の基本単位である家族そして家族を構成する人々の心身が健康で幸福であることで、自然環境と調和した平和な社会の実現に寄与することを目的としています。

改めてここで、直傳靈氣研究会の趣旨を書かせていただきます。

一、直傳靈氣（靈氣療法）がいかに効果的であるかを立証、体験をまとめた本を出版。

二、直傳靈氣（靈氣療法）を代替医療の切り札として活用する。

三、直傳靈氣（靈氣療法）が医療現場で活用される為、医師や看護師その他、代替医療の現場従事者に直傳靈氣を普及、真の医療改革を目指します。

四、家庭に靈氣療法を普及、安易に対症療法や薬に頼らないことで医療産業廃棄物の削減に貢献、地球環境問題に積極的に取り組みます。

最後に…

たくさんの事を教えてくれ、導いてくれた両親に。

妻と家族、脈々とつないでくださったご先祖さま、おかげさま。

義妹にも感謝をしたいと思います。

直傳靈氣研究会代表・ＮＰＯ法人国際直傳靈氣協会理事長　山口忠夫先生、研究会事務局のみなさん、本文中で紹介をさせていただいたみなさんのご協力、今までにご縁をいただいた、育てていただいた、たくさんのみなさんのおかげでこの本ができました。

㈱風詠社　大杉さまをはじめ、スタッフの方々にも大変お世話になりました。

改めて感謝を申しあげます。ありがとうございます。

そして、つたない文章に最後までお付き合いいただきありがとうございます。

令和元年12月24日

ハンドヒーリングアフェクション　ともゑ塾
心身改善臼井靈氣療法直傳靈氣　師範
ＮＰＯ法人国際直傳靈氣協会　正会員

岡村　英生

岡村　英生（おかむら・ひでき）

ハンドヒーリングアフェクション・ともゑ塾
直傳靈氣（Jikiden-Reiki）研究会　師範
NPO 法人国際直傳靈氣協会　正会員

NPO 法人日本ホリスティック医学協会　専門会員
ホリスティックヘルス塾インストラクター（日本ホリスティック医学協会認定）

名古屋 98 フットボールクラブ　事務局・コーチ
1961 年生まれ　三重県桑名市出身　現在は　名古屋市熱田区　在住
ホームページ URL：https://r.goope.jp/hha-okamura

いまここで　～わたしと直傳靈氣®～

2020 年 8 月 29 日　第 1 刷発行

著　者　岡村英生
発行人　大杉　剛
発行所　株式会社 風詠社
〒 553-0001　大阪市福島区海老江 5-2-2
大拓ビル 5 - 7 階
TEL 06（6136）8657　https://fueisha.com/
発売元　株式会社 星雲社
（共同出版社・流通責任出版社）
〒 112-0005　東京都文京区水道 1-3-30
TEL 03（3868）3275
装画　吉泉（きっせん）
装幀　2 DAY
印刷・製本　シナノ印刷株式会社

ISBN978-4-434-27914-0 C0077

乱丁・落丁本は風詠社宛にお送りください。お取り替えいたします。